JAPANESE FOR COLLEGE STUDENTS

JAPANESE
FOR
COLLEGE
STUDENTS

Basic

Vol. 2

International Christian University

KODANSHA INTERNATIONAL
Tokyo • New York • London

International Christian University staff who participated in the writing of *Japanese for College Students: Basic* (in alphabetical order with an asterisk indicating the coordinator for this edition)

George D. Bedell

Marie J. Bedell

Rebecca L. Copeland

Yoshifumi Hida

Izumi Hirata

Masayoshi Hirose

Shigeko Inagaki

Mayumi Yuki Johnson

Ryoko Murano

Ichiro Nakamura

Taeko Nakamura

*Machiko Netsu

Takashi Ogawa

Kumiko Osaki

Yoko Suzuki

Mari Tanaka

Sayoko Yamashita

Illustrations by Midori Murasaki

Distributed in the United States by Kodansha America, Inc., 575 Lexington Avenue, New York N.Y. 10022, and in the United Kingdom and continental Europe by Kodansha Europe Ltd., Tavern Quay, Rope Street, London SE16 7TX.

Published by Kodansha International Ltd., 17-14 Otowa 1-chome, Bunkyo-ku, Tokyo 112-8652, and Kodansha America, Inc.

First edition, 1996
03 04 05 06 07 08 09 10   10 9 8 7 6 5

www.thejapanpage.com

CONTENTS

PREFACE

Japanese for College Students: Basic is a comprehensive beginner's textbook of Japanese for university students, including sentence patterns, idiomatic expressions, conversations, kanji, vocabulary, reading, and writing. The vocabulary, expressions, grammar, and kanji have all been carefully selected on the basis of a close observation of the life-styles and activities of contemporary students; they assume situations and settings which foreigners would be likely to encounter in everyday life as university students in Japan. The textbook has been structured so that students not only acquire the language proficiency necessary for daily life, but also gain an ample grounding in basic grammar and kanji for proceeding to higher levels.

Many illustrations, a great number of conversational Japanese expressions, and various roleplays have been included to make the book suitable for teaching with a communicative approach. Special care has been taken to ensure that the points to be learned are presented over several lessons and recur in spiral fashion to facilitate absorption. Detailed English explanations are provided for the study of grammatical points. With a total of thirty lessons (ten per volume), the three volumes are intended to be completed in a program of approximately 300 hours of classroom study, resulting in an acquired vocabulary of some 2,000 words and 400 kanji.

The teaching of Japanese in universities has become more widely spread in recent years. At ICU the regular Japanese language program for foreign students was inaugurated in 1953. In 1963 ICU published *Modern Japanese for University Students, Part I*. This textbook, based on then-current theories of structural linguistics and language teaching pedagogy, enjoyed a life of thirty years at institutions in Japan and abroad. In 1989 it was decided to create a completely new textbook for foreign students based on the latest linguistic theories and teaching methodologies. Since that time, the new textbook has gone through several preliminary versions and two trial printings, and now appears as *Japanese for College Students: Basic*. Although the utmost care was taken with the content, there is still undoubtedly room for improvement. Comments and suggestions would be greatly appreciated.

This book could not have been completed without the assistance of many people. We are particularly indebted to the following people for their efforts during the process of actual publication: Yoko Sakumae, Kumi Noguchi, Nobuko Ikeda, Chika Maruyama, Ikumi Ozawa, Chiaki Hatanaka, and Kenji Nakagawa of the ICU Japanese Language Programs; and to Taku Ogawa and Michael Brase of Kodansha International Ltd. To all we express our sincerest appreciation.

Japanese Language Programs and
The Research Center for Japanese Language Education
International Christian University, 1996

はじめに

　本書は、大学生のための、会話、文型、表現、漢字、語彙、読解、書き方を含む総合的な初級教科書である。学生の実際の生活行動を参考に、外国人が大学生として生活していく上で日常出会うと思われる場面を想定し、初級レベルとして必要な語彙、表現、文法項目、漢字を厳選してある。この教科書をマスターすれば、日常生活に必要な日本語力が得られるばかりでなく、さらに上のレベルに進むのに十分な基礎的文法力、漢字力が得られるように構成されている。

　本書はコミュニカティブな教授法に合うように、イラストをほどこし、自然な表現を取り入れてある。重要な学習項目はいくつかの課にわたって提示され、学習が繰返しスパイラル式に行なわれ、定着するように配慮されている。文法事項は予習・復習の便をはかり、英語によるくわしい解説をほどこしてある。全体を全3巻30課（各巻10課）で構成し、約300時間のプログラムを考えて作られている。（語彙約2000語、漢字400字）

　大学において日本語教育が行なわれるようになってから久しい。ICUにおいては、1953年、外国人学生に対する日本語教育が正規の学科目として始められ、1963年、大学生のための独自の日本語教科書「Modern Japanese for University Students」Part Iを出版した。この教科書は当時の構造言語学、外国語教授法に基づいて作られ、幸い約30年の長きにわたり内外の機関で使用された。1989年、現代の学生のニーズにあった全く新しい外国人学生のための日本語教科書を、最新の言語学、外国語教授理論に基づいて作ることになり、以来幾回にもおよぶ仮印刷版、2回にわたる試用版を経て、今回ようやく「Japanese for College Students:Basic」として上梓のはこびとなった。内容等万全を期したが、なお問題もあろうかと思う。さらなる改善のために皆様のご叱正を請う次第である。

　この本ができるまでには多くの方々の献身的な助力があった。出版にあたって特に日本語教育プログラムの作前陽子、野口久美、池田伸子、丸山千歌、小澤伊久美、畑中千晶、中川健司、講談社インターナショナル編集部のマイケル・ブレーズ、小川卓の諸氏に謝意を表したい。

1996年9月

国際基督教大学
日本語教育プログラム・
日本語教育研究センター

HOW TO USE THIS BOOK

This textbook is for college students studying the Japanese language for the first time. The goal of the book is to enable students to function linguistically in everyday situations involving listening, speaking, reading, and writing. All of these aspects of the language, as well as grammar, are studied and practiced in context. By practicing in context, students learn accuracy and appropriateness. In keeping with this objective, the Japanese writing system of kana and kanji is introduced from the very first lesson. Kana and kanji are exclusively used in the "Listening and Speaking" section; the "Grammar Notes" use Japanese script plus selected subscript romanization in Lessons 1-4, but thereafter the romanization is dropped. On the oral side, it is important that the tapes be used for self-study practice in the preview and review of each lesson, and in the classroom the basic underlying assumption concerning the "Listening and Speaking" section is that the class will be conducted orally, and that any oral practice will be done with the book closed.

The text consists of 30 lessons divided into three volumes of ten lessons each. Each volume presents situations and contexts familiar to college students. Volume 1 relates to the students themselves and their immediate circumstances; Volume 2 involves frequently encountered situations; Volume 3 presents social and public situations relevant to college life.

The lessons that follow "Getting Started" are organized as follows:
- Listening and Speaking
- Grammar Notes
- Reading
- Writing

Listening and Speaking

OBJECTIVES: Here the goals of the lesson are given. In order to make the most efficient use of their time, students should have these objectives firmly in mind before beginning the lesson.

POINTS: The major linguistic functions of the lesson are listed here. These functions must be learned in order to achieve the lesson's goals. Students should go over these points before starting the lesson and review them again afterwards.

SENTENCES: Grammatical items to be studied in the lesson are listed in example sentence form and underscored with a dotted line. These sentences are practiced orally one by one in the "Formation" section. Students should go over this list before starting the lesson and refer to it again later for review purposes.

EXPRESSIONS: Expressions that are particularly helpful in making conversation flow smoothly and naturally are listed here. Later they are studied in the "Drills" section, where they are underscored with a dotted line. They include sentence final particles, conjunctions, interjections, and contracted forms. For each expression, English equivalents are provided. When there are no expressions for a particular lesson, the "Expressions" heading does not appear.

The following three oral practice activities should be taken up in the order presented: "Formation," "Drills," and "Roleplay." Each activity has different goals.

「フォーメーション」 FORMATION: Here the grammatical items listed in "Sentences" are practiced orally. The goal is to achieve accuracy in pronunciation and grammar. This basic practice is extremely important in preparing for the "Drills" and "Roleplay" sections. The numbers of the subheadings in "Sentences" and "Formation" correspond for easy reference. Each example in "Formation" indicates how the intended sentence pattern is obtained from the given cues: the word or words to the left of the arrow (→) in the example are the cue and those to the right of the arrow are the sentence to be produced, with the underlined part to the right of the arrow to be replaced with the cues given below. This is a form of substitution practice. Each exercise is limited to a single sentence focusing on a single grammatical point and one sentence pattern; no context is given. New vocabulary, grammatical items, and accurate pronunciation are the focus here. When previewing and reviewing the "Formation" section, the student practices making sentences as directed while listening to the tape. Only examples and cues are given in the book, not intended sentences; however, in the tape the sentences to be produced are also given. These patterns should be practiced repeatedly and indelibly committed to memory. In class, along with reproduction of the patterns and vocabulary, the aim should be for accurate pronunciation.

Study of the "Formation" section cannot be considered complete until the student can participate actively, accurately, and appropriately in the "Drill" and "Roleplay" activities.

「ドリル」 DRILL: Each drill takes the form of a short conversation in a specific context. The underlined words are to be replaced by a vocabulary item or expression selected from the box below. Through this activity the student learns to choose an item appropriate to a given context. New vocabulary and new grammar items from the "Formation" section are intensively drilled here, in context and with appropriate pronunciation and intonation. For self-study the student should practice these drills as much as possible with the tapes. In class the instructor may change the situations given in the book to ones more familiar and relevant to the student, but this does not in any way diminish the importance of studying, as given, the vocabulary and expressions in the drills prior to class.

「ロールプレイ」 Each roleplay presents familiar situations in which the language
ROLEPLAY: the student has learned up to that point may be used in real-life situations. Two students perform specific tasks as directed by the role cards, using vocabulary and grammatical items not only from the current lesson but from all the lessons previously studied. Since the roleplay is to be acted out spontaneously, a different conversation should result when the same roleplay is acted out by different students. Model roleplays are provided at the end of the book for students in need of help and encouragement, but it must be remembered that these are only models, representing several of many possibilities; they are not to be seen as restricting the content of the roleplay in any way. Since one of the goals of this textbook is for students to become familiar with usage that is appropriate to specific situations and given interpersonal relationships, the model roleplays are given in both informal and formal speech styles. For the informal styles (following this symbol, ☆★☆), examples of female and male speech are also included. The importance of appropriateness to context is strongly emphasized in this activity. Successful performance of roleplays is a sign that the material covered in the lesson has been mastered.

Grammar Notes

Grammatical items introduced in the "Listening and Speaking" section are explained here. Each grammatical item or pattern offered for discussion is highlighted in a boxed area. Meaning, function, and other relevant points necessary for the creation of accurate sentences are discussed. Japanese examples of usage are followed by English equivalents. Useful linguistic and cultural information is occasionally provided in "Usage Notes." Grammar and usage notes should be carefully read before and after class in order to gain a full appreciation of how the Japanese language is structured. It is of utmost importance that the material in each lesson be thoroughly understood before preceding to the next.

Reading

READING Each lesson features a commonly encountered type of reading
PASSAGE: material or category of writing. The type is specified in the beginning of each lesson. Both vertical and horizontal printed materials and handwritten realia are used. The topic of each

section is based on the vocabulary, grammatical items, and functions introduced in "Listening and Speaking." Vocabulary not introduced in "Listening and Speaking" is listed below the reading passage with English equivalents.

Before starting the "Reading" section of Lesson 1, the student must be familiar with the kana script, which is covered in "Getting Started." In addition, since each lesson introduces new kanji, students should study those kanji in the "Writing" section before attempting the reading passage.

「読む前に」
BEFORE READING: Here the topic and the format of the reading passage are introduced. It is best to go through this part before reading the passage.

「質問」
COMPREHEN-SION CHECK: To confirm their understanding of the passage, students should go over the exercise in the "Comprehension Check" before and after class.

「書きましょう」
WRITING ACTIVITY: This part presents two activities: 1) writing the same type of passage and 2) writing some type of reaction or response in keeping with the content of the reading passage.

「話しましょう」
SPEAKING ACTIVITY: Here the student is encouraged to discuss the topics introduced in the lesson or to conduct interviews of other students.

Writing

This section consists of four parts: "Let's Learn the Readings," "New Kanji," "Writing Practice," and "Reading Practice." The "New Kanji" section introduces 245 kanji (corresponding to the kanji required in the Japanese Language Proficiency Test, Level 3); another 155 kanji are introduced in "Let's Learn the Readings." A total of 400 kanji are thus introduced in the 30 lessons comprising the three volumes.

「読み方を覚えましょう」 **LET'S LEARN THE READINGS:** A number of words written in kanji are introduced here. The section includes all the vocabulary items using kanji that were introduced in the "New Kanji" section as well as 155 additional kanji. All the words here are needed for reading Japanese at a basic level.

「新しい漢字」 **NEW KANJI:** 245 kanji and one repetition symbol are introduced in the charts here.

ことば	れんしゅう	毎	
毎 1 まいにち 日 ・ 2 まいつき 毎 月 ・ 3 まいとし 毎 年	毎 毎	くん	おん
			まい
		いみ	
		every	
	かきじゅん		
1 every day 2 every month 3 every year		毎	ノ ー 仁 勾 毎

— **New Kanji**

「くん」「おん」 KUN-READING, ON-READING: Kanji can be read in two ways. One is called the kun-reading, which is Japanese in origin, and the other is the On-reading, which is Chinese in origin. Although the chart does not contain every possible reading, it has all the readings necessary for most tasks at a basic level.

「いみ」 MEANING: The meaning of the kanji are given in English.

「かきじゅん」 STROKE ORDER: This part shows the order of the strokes used to write each kanji. The fundamental rule is that stroke order proceeds from left to right and/or from top to bottom.

「れんしゅう」 PRACTICE: Here, the writing of kanji can be practiced, emulating the model and following the correct stroke order.

「ことば」 WORDS: Here are listed some of the words formed with the kanji in question; while some have already appeared in the main text, other words of a very basic nature are given here for the first time. English equivalents are shown at the bottom.

「書く練習」「読む練習」 WRITING PRACTICE, READING PRACTICE: In "Writing Practice," students practice writing the kanji that appear in the "New Kanji" section. In "Reading Practice," students practice reading the kanji introduced both in "New Kanji" and in "Let's Learn the Readings." For the writing exercises, students should make photocopies as needed of the pertinent pages and write on them rather than directly in the book.

Each volume contains an index by reading of all the kanji introduced in the 30 lessons. This book adheres to the current standards for Japanese script. However, in order to facilitate study by non-Japanese students, certain nonstandard but widely used elements have been incorporated.

About Kanji Usage

In principle, single kanji and kanji compounds appear with subscript readings in hiragana (called 'rubi') until they have been introduced for study in a particular lesson; thereafter, the rubi are omitted. In the case of kanji compounds, rubi is given for the whole compound even if one of the characters has already been learned; the rubi are only dispensed with after both kanji in the compound have been studied. Proper nouns and other words which are commonly written in kanji in the real world, but which are not studied in *Japanese for College Students: Basic,* are given in kanji with rubi attached. For the student's benefit, all the kanji in the Grammar Notes appear with rubi.

Romanization and 'Wakachigaki'

For romanization, a modified version of the Hepburn system is used: e.g., [aa] indicates a long vowel, [itte] represents double [t] sounds, [n] is the syllabic nasal. Lessons 1 through 10 are written in 'wakachigaki', that is, with spaces between words and phrases for ease of reading. In normal text, there are usually no such spaces.

Cassette Tapes

Cassette tapes are available for study with *Japanese for College Students: Basic.* These tapes play a crucial role in the learning of Japanese, and students are encouraged to make the utmost use of them. They include the "Listening and Speaking" sections of Lessons 1-30, in addition to the "Getting Started" section in Volume 1. "Getting Started" includes a syllabary of sounds. The aim of this section is to familiarize students with the sounds of the Japanese language and to help students learn some simple phrases and expressions that are extremely useful in everyday life. It is important here to pay particular attention to accent and intonation. While accent and intonation are not indicated in the written text of the book, students may refer for help to the vocabulary lists at the end of the book, where accent is marked over every word.

After "Getting Started," the tapes proceed to the "Formation" and "Drills" sections of each lesson. "Formation" consists of a cue (to the left of the arrow [→]) and an expression to be produced on the basis of the cue (to the right of the arrow in the example). The portion of the example to be replaced by the student (i.e., the object of substitution) is underlined. In the textbook, the expression that is to be produced from the cue is not given, so it is impossible from the text alone for students to know if they have produced the correct expression. In the tapes, however, the correct expression is given so that students can know if the expression they have produced is the correct one. It is best to conduct the "Formation" exercises with the book closed.

The "Drills" consist of dialogues between two parties, A and B. The words or expressions to be provided by the student are chosen from the boxed area below the exercise. There may be more than one correct answer. Although a number of combinations are possible, only one is given in the tape as correct. Other possible substitutions can be given in class, to be checked by the instructor for accuracy. The textbook should be kept closed except for the "Drills" that make use of illustrations, of which there are a good number.

この本を使う人のために

この教科書は、初めて日本語を学ぶ学生のためのものです。学生として日常生活のさまざまな場面で必要な言語活動―聴き、話し、読み、書き―ができるようになることを目指しています。

そのために、文法の規則を学び、それを現実に機能させる練習を行い、正確かつ適切な運用能力を身に付けるように編集してあります。四技能を身につけることを目標としていますから1課からかな・漢字で表記しています。1課を始める前にGETTING STARTED でひらがな・かたかな表記を紹介しています。

聴き・話しのセクションは日本語表記でなされていますが目標がこの2つの技能の習得なので、自習においては音声テープを、授業においてはオーラルを基本にした練習を行う、つまり、本を開いて読みながら口頭練習をしないことを前提にしています。

この教科書は初級日本語を第1巻、第2巻、第3巻の3つに分け、各巻を10課で構成しています。第1巻では、自分のことや身の回りのこと、第2巻では、他の人と接触する場面を、第3巻では、社会的な場面や公的な場面の中で学生が経験するであろう場面を取り上げています。

各課は LISTENING AND SPEAKING（聴き・話し）、GRAMMAR NOTES（文法）、READING（読み）、WRITING（書き）のセクションから成り、各セクションは次のように構成されています。

LISTENING AND SPEAKING 聴き・話し

OBJECTIVES： その課の目標が書いてあります。学習を始めるに当たって、ここで何ができるようにするのかを理解しておくことは、学習を効果的にします。

POINTS： その課で学習する言語活動を機能別にあげた項目です。課の目標を達成するために、学習しなければならないことがあげてあります。課の学習を始める前に目を通しておきましょう。また課の学習を終えたときに、確認のチェックをしてください。

SENTENCES： その課の文法面での学習項目を点線を付けて提示し、簡単な文の形で示しました。学習を始めるに当たって、目を通して学習の準備をしておきます。また復習するときは、チェック・リストとして使うとよいでしょう。

EXPRESSIONS：　フォーメーションで置き換え練習をするSENTENCESの文とは別に、その課のドリルにでてくる表現・終助詞・接続詞・接続助詞・副助詞・間投詞・短縮形などを会話をスムーズに行うために必要な表現としてまとめました。表現には対訳がついています。この項目がない課もあります。

フォーメーション：　文型や語彙を身に付けるための練習で、発音や文法の正確さを目指します。ドリル・ロールプレイをスムーズに行い、これらの活動の目的を達成するための大切な基礎練習です。学習する文型が与えられたキューからどのように作られるかが例に示されています。例の中の矢印（→）の左側がキューになっており、右側が作られる文で、練習する時に置き換えるところを下線で示してあります。予習・復習などの自習の時には音声テープを聴きながら例にならって文を作る練習をします。教科書には例とキューのみが与えられ、作られる文は示されていません（矢印の右側には何も書いてありません）が、音声テープには作られる文もはいっています。

フォーメーションは置き換え練習の形をとっています。機械的な練習ですが、学習者は積極的に自習をすることが必要です。授業では文型や語彙の定着をはかるとともに発音の正確さを目指します。なお、フォーメーションの番号はSENTENCESの番号と呼応しています。

ドリル：　フォーメーションは文単位の練習ですが、ドリルは対話の形とし、教室内でのインターアクションを重視しています。基本的にAとB二人の短いやりとりの形を提示し、置き換え可能な部分を下線で示しています。枠で囲んだ与えられたキューの中から適切なものを選び、下線部分を置き換えて練習するようになっています。これは、実際の場面で、学習者が自分で判断し、適切な言葉や表現を選んで応答できるようにするためです。教室で練習するときは、教科書を見ないで、より現実の場面に近い状況で行うほうが効果があります。ですから授業の前に必ずドリルで使われている表現や言葉を勉強しておくことが必要です。

ロールプレイ：　ロールプレイはその課の学習の仕上げと考えてよいでしょう。学習した言葉や文型、表現を総動員して、OBJECTIVESで示されたその課の目標を達成できたかどうか、どの程度できるかを総合的に見ることができます。ロールプレイが上手にできれば、その課の学習を修了したといえます。

コミュニケーションを適切に行えるようにするためには、早い時期から場面や人間関係に適した言葉の使い方に慣れることが大切ですから、インフォーマル（☆★☆のマークで示す）とフォーマルの会話の例をのせました。インフォーマルの場合、男女の言葉の異なるものは女性形／男性形の順で一つの例を示しました。このモデル会話に出てくるEXPRESSIONSはその下に対訳とともにあげられています。これらはあくまでもモデル会話なので巻

末にまとめて提示してありますが、それを参考にしてペアになった相手と自発的に適切な会話を作り上げるようにするとよいでしょう。その際まだ学習していない語彙や表現などが必要な場合には先生が提示します。

GRAMMAR NOTES 文法

聴き・話しのセクションで導入された文法項目の説明をしています。
まず、基本的な文型を枠で囲んで示し、その文型の意味とそれがどのような言語機能を果たす目的で使われるのか、また特に注意しなければならない点を説明しています。その後ろに例文を対訳つきで提示しています。時に言語を運用する際に必要な言語的・文化的情報が USAGE NOTES として与えられています。学習する前後によく読んで理解し、分からないところは先生に聞いて明確にしておきます。

READING 読み

本文： 各課の聴き・話しセクションの文法項目、語彙と関連づけて、日常生活で実際に目にする読み物の形式（ジャンル）や縦書きと横書き、印刷と手書きといった様々な書き方の読み物が入るよう配慮してあります。また、本文に使われている漢字は各課で新しく導入される漢字に準拠しているので、本文を読み始める前に漢字の学習をしておく必要があります。

「読む前に」： その課のトピックと文章形式を理解します。

「質問」： ここにある項目を使いながら本文の内容の確認をします。

「書きましょう」： その課で扱うトピック、形式、および機能にあわせて、同じような文章を書いたり、または、本文の内容に応じて返事などを書いたりします。

「話しましょう」： 本文で扱っているトピックについてクラス内で話したりインタビューしたりします。

WRITING 書き

「読み方を覚えましょう」「新しい漢字」「書く練習」「読む練習」の4つのパートから成っています。30課まで修了すると、日本語能力試験の3級で扱う245字が書けるようになり、その他155字が読めるようになります。つまり、合計400字の習得を目標としています。
次に、それぞれのパートを解説します。

読み方を覚えましょう： 「新しい漢字」に出てくる漢字を使った語彙を先に紹介したり、「新しい漢字」にない155字の漢字を使った初級語彙を紹介します。その言葉と読み方と意味が書いてあるので、覚えながら新しい漢字語彙を増やします。

新しい漢字： 漢字表を使って、245字と繰り返し符号「々」を紹介し、書く練習
　　　　　　ができるようになっています。

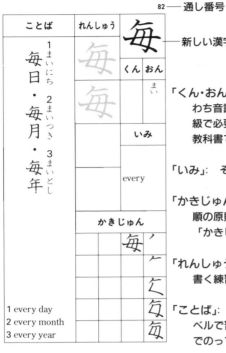

82——通し番号

新しい漢字

「くん・おん」： 漢字の読み方には、「くん」すなわち訓読みと、「おん」すな
　　　　　　わち音読みがありますが、その全てをここで紹介してはいません。特に初
　　　　　　級で必要と思われる読み方（日本語能力試験の3級で出てくる語彙とこの
　　　　　　教科書で扱われている語彙の読み方）だけをのせています。

「いみ」： その漢字の意味を英語で示しています。

「かきじゅん」： その漢字を書く順番、すなわち書き順を示しています。書き
　　　　　　順の原則である「左から右に書く」「上から下に書く」を基本にし、この
　　　　　　「かきじゅん」の表を見て書き方の独習をすることができます。

「れんしゅう」： すぐ右にある手本の漢字と書き順を見ながら、その漢字を
　　　　　　書く練習ができます。

「ことば」： このテキストの他の部分で使われている語彙や、一般的に初級レ
　　　　　　ベルで習う語彙が紹介されています。下の方にはその言葉の意味が英語
　　　　　　でのっています。

書く練習・読む練習： 「書く練習」では「新しい漢字」の漢字を書く練習ができ、「読む
　　　　　　練習」では「読み方を覚えましょう」や「新しい漢字」の言葉を
　　　　　　読む練習ができます。同じ漢字や語彙が何回か出てきますが、よ
　　　　　　り重ねて練習するためには、このページをコピー（あるいは拡大
　　　　　　コピー）などしておくとよいでしょう。

なお、各巻巻末に書きセクションの索引がついていますが、それは第1巻から第3巻ま
でで紹介される漢字の全ての読み方に基づいた音訓索引となっています。この教科書は
現行の国語表記の標準に従いました。しかし外国人学習者への教育的な配慮に基づいて
慣用的なものも採用しています。

ABOUT KANJI USAGE 漢字表記

　聴き・話しセクションの漢字表記は原則としてその課よりあとに紹介される漢字語彙
にルビをつけましたが、その漢字語彙にふくまれる漢字がすべて紹介された時点でルビ
ははずされます。未習の漢字をふくむ固有名詞や慣用的に漢字で表記される語彙につい
てはルビをつけて漢字で表記しました。なお文法は学習者の便宜をはかるため30課まで
のすべての漢字にルビをつけました。

この本を
使う人の
ために

ROMANIZATION AND 'WAKACHIGAKI'
ローマ字表記とわかち書きについて

　ローマ字表記は原則として修正ヘボン式を採用しています。例えば長音は母音を重ねて ［aa］とし、促音は子音を重ねて ［itte］、撥音は ［n］としました。

　この教科書では1課から漢字仮名交じり文で表記していますが、第1巻（1課から10課）は、わかち書きにしてあります。

CASSETTE TAPES オーディオテープについて

　前にも述べましたが、この教科書での学習には積極的なテープの利用を勧めます。テープには GETTING STARTED と全30課の LISTENING AND SPEAKING の部分が入っています。

先ず、GETTING STARTED では五十音図と日常生活に役に立つ表現を学びながら、日本語の音が練習できるようになっています。第1課に進む前に、ここで十分発音やイントネーション、アクセントなどの練習をしておきます。なお、教科書の本文にはイントネーションやアクセントは表記はされていませんが、巻末の語彙リストにはアクセントが表記されています。

GETTING STARTED に続く第1課から第30課にはフォーメーションとドリルが入っています。フォーメーションではそれぞれの学習項目が例を使ってキュー（→の左側）と作られるべき表現（→の右側にあり、置き換え部分に下線が付いています）で提示され、続いて置き換え練習ができるようになっています。教科書の練習の箇所には作られるべき表現は書いてありませんが、テープには入っていますから、まずキューを使って自分で言ってみてから、テープの答えを聞き、正確にできたかどうかチェックするといいでしょう。Listening と Speaking の能力を高めるためにフォーメーションは教科書を閉じて練習することを進めます。ドリルの置き換え部分はフォーメーションと同様に下線が付いています。それぞれのドリルのキューの箱から適切なものを選んで下線部分に置き換えます。いくつかの組み合わせが可能で、答えが1つとはかぎりません。ですから、テープにはモデルとして教科書に提示されている短い会話のみが入っています。また、ドリルにはイラストを使ったりしながら練習するものも多く、その場合は教科書を開いて必要な箇所を見ながら練習します。

Some Basic Features of the Japanese Language

Japanese has a number of structural features that it shares with many other languages throughout the world but which are not present in English or the languages of Western Europe. A brief outline of these features is provided here so that students who native tongue does not possess these characteristics can better grasp the grammatical points introduced throughout this course.

1. The headword of a phrase generally comes in the final position. This means that (a) objects, adverbs and adverbial phrases precede the verbs or adjectives they belong to (that is, Japanese is an SOV (subject+object+verb) language rather than an SVO language like English); (b) adjectives and clauses precede the nouns they modify; and (c) noun phrases precede relational particles (that is, Japanese has postpositions rather than prepositions like English).

2. Verbs have complicated conjugations marking tense and aspect. There are two types of adjectives: those that are marked for tense and aspect like verbs, and those that behave rather like nouns. Nouns and noun-like adjectives are accompanied by a copula when used as predicates.

3. In addition to being analyzable as subject and predicate, sentences can typically be broken down into topic and comment. The topic, marked by the particle 'wa', is usually found in the initial position of a sentence or a sequence of sentences.

4. There is no obligatory distinction between singular and plural nouns. Numbers are normally combined with a classifier that categorizes the object being counted.

5. There is an elaborate system for marking speech styles. Utterances may be plain or polite, according to the situation; the style is determined by suffixes being added to the predicate. Honorific forms, which may be markers or distinct words, express respect for those of a higher social status than the speaker.

6. The predicate is the only sentence component that must be present. Other components, including topics, subjects, and objects, can be omitted whenever the speaker considers them to be understood from context. In addition, implied meaning is often given priority over direct statement, making an understanding of context doubly important.

7. Events tend to be described as situations rather than as actions performed by persons: for example. normal Japanese would call for 'Fuji-san ga mieru' ('Mt. Fuji is visible') rather than 'Fuji-san o miru koto ga dekiru' ('I can see Mt. Fuji').

8. The basic unit of rhythm in standard Japanese is the mora, which has a time value equal to a short syllable. Each mora has a pitch accent of either high (H) or low (L), which is determined at the word level.

In contrast to English, in which stressed syllables tend to be elongated, both high and low syllables in Japanese are perceived to have approximately the same length. This is also true of special moras: long vowels (e.g., to-o-kyo-o, of four moras), syllabic nasals (e.g., ni-ho-n-go, of four moras), and doubled consonants (e.g., i-t-ta, of three moras).

For all words, the second accent is low if the first is high, and vice versa. For instance, consider the pitch of nouns when accompanied by the particle 'ga'. Two-mora nouns + 'ga' have the patterns LHH (e.g., あれが), LHL (e.g., やまが), and HLL (e.g., じしょが); three-mora nouns + 'ga' have LHHH (e.g., なまえが), LHHL (e.g., やすみが), LHLL (e.g., あなたが), and HLLL (e.g., なんじが).

In this book, accent is indicated in the appendix "New Vocabulary and Expressions." On the separately available tapes, natural rhythm, pronunciation, accent, and intonation are recorded for repeated listening. Making use of these materials, students should achieve considerable accuracy in the spoken language.

The Writing System

Japanese Script

A number of different scripts are used in the Japanese language: Chinese characters ('kanji'), 'hiragana', 'katakana', the Roman alphabet ('roomaji'), and various types of numbers (Chinese, Roman, and Arabic). Kanji are Chinese in origin and came to be used as Japanese script in the fifth century, and were thereafter augmented by the creation of new kanji by the Japanese.

At the beginning, kanji were the only script available for writing Japanese, but later two phonetic scripts—hiragana and katakana (collectively called 'kana')—were created on the basis of the shapes of selected Chinese characters. Both of these scripts are phonetic, but they differ from phonetic alphabetic scripts in that they represent not individual sounds (phonemes) but syllables. Japanese is commonly written with a combination of kanji and these two kana scripts.

Japanese was first romanized, or written with the Roman alphabet, by Western missionaries in the fifteenth century. Romanized Japanese is called 'roomaji'.

The function of each script in contemporary Japanese may be summarized as follows:

a. Kanji are used for writing nouns and the stems of verbs and adjectives, that is, content words.
b. Hiragana, which were created from cursive forms of kanji, are used to write indigenous adverbs and grammatical function words such as particles and the inflections of verbs and adjectives.
c. Katakana, which were created by extracting a part of a kanji character, are used to write loanwords, foreign names, onomatopoeia, and the scientific names of flora and fauna, thus making these words stand out in the main body of text consisting of hiragana and kanji; in this usage, katakana is similar to italics in English.
d. Roomaji are used for transcribing Japanese sounds (phonemes) as well as those of other languages. The use of roomaji is far from being limited to signboards and literature intended for foreign visitors in Japan. It is often used in the design world for effect.

Next, let us take a brief look at the structure, reading, and meaning of kanji.

Kanji can be categorized structurally into four types and functionally into two. The first structural type is the ideograph. Kanji began as pictorial representations of natural objects, such as mouth (口), tree (木), sun (日), and fish (魚). All scripts throughout the world began in this way, including the Roman alphabet, but at present only kanji remains in use.

To represent abstract concepts such as up, down, and middle, the second structural type was created. In this type, lines in the kanji pointed 'up' (上) or 'down' (下) or passed through the 'middle' of a box (中) to convey the intended meaning; a short line intersecting the trunk of a tree (本) meant 'source'.

A third structural type consisted of combining individual ideographs to form new characters. For example, the character for 'tree' (木) could be doubled (林) to make 'woods' or tripled (森) to make forest, or 'sun' (日) could be overlapped with 'tree' to create the image of the sun rising behind a tree (東), producing the meaning 'east'.

Combining ideographs had clear limitations, however, which led to the invention of the fourth structural type. This type combined a pictorial character with another character that had developed strong associations with a certain sound. The chief characteristic of this structural type is the fact that the pictorial element represents the meaning (this part is called the 'radical' [部首 'bushu']) and the other element the pronunciation. The character 語 is an example of this type. The radical, on the left, represents the meaning 'language', while the part on the right gives the sound, 'go'. Another example of this structure is 悟 ('enlightenment'), with the abbreviated radical for 'heart' on the left suggesting the meaning and the reading 'go' on the right giving the pronunciation. This type of kanji proved so effective that it now accounts for over eighty percent of all kanji.

With the above, the various ways of creating new kanji were exhausted. However, in case of need, there were still ways in which new meanings could be attached to already existing kanji, alluded to earlier as the two functions or uses of kanji. One way was association by meaning. For example, the character 楽 in the compound 音楽 means 'music', and from the association of music with the joy of listening to music, the character 楽 was given the meaning 'enjoyable'.

Another way of attaching new meanings occurred when two spoken words had identical pronunciations but only one of them possessed a kanji with which it could be written. The word having no kanji simply adopted the kanji of its homonymic counterpart, regardless of any differences in meaning. An example of this is 来, the original meaning of which was 'wheat' but whose later, now more common, meaning is 'come'. This method of association by sound rather than meaning was also adopted for transcribing loanwords by means of kanji, an example of which is 亜米利加 'Amerika'.

This is basically the form kanji had assumed when taken up for the transcription of Japanese. Due to differences in the pronunciation and grammar between Chinese and Japanese, however, kanji in Japan underwent some changes.

These changes concern the readings, or pronunciation, applied to the kanji. One type of reading is called the 'on' reading, which is the pronunciation given the kanji when it is read as a Chinese word (or, more accurately, as it is read when a Japanese emulates Chinese pronunciation). Single kanji and kanji compounds which are read in this way are referred to as 'kango', or Chinese words (lit., 'Han words'). An example is 人 ('jin', person). Some kanji have more than one 'on' reading (人 is also read 'nin') because Japanese picked up a variety of readings from different dialectical regions of China and in various historical eras.

The other reading is called the 'kun' reading, which is the meaning of the kanji as translated into native Japanese, or 'wago' (lit., 'Yamato words'). An example is 人 ('hito', person), which uses the same kanji as the kango 'jin' but is read as a native Japanese word.

Turning now to katakana, it was mentioned earlier that katakana is used to write loanwords, of which there are a great many in the Japanese language, as there are in English. During the Meiji period (1868-1912) there was a great influx of loanwords, but most were rendered into Japanese equivalents, often as kanji compounds. Today, however, perhaps because of the speed, volume, and variety of loanwords making their way into the language, there is a strong tendency to render them phonetically into katakana, keeping the pronunciation as close as possible to the original.

Overall, modern Japanese script consists basically of a combination of kanji, hiragana, and katakana. The Ministry of Education has established standards for their use, in particular for official documents, newspapers, and television. The teaching of Japanese script in elementary and middle schools also follows the Ministry's directives. 1,945 kanji have been established by the Ministry to be learned during the years of compulsory education. These are the so-called 'Jooyoo Kanji' (lit., Common Use Kanji) and are considered the minimum number needed to read present-day newspapers, magazines, and contemporary literature. 1,006 of these kanji are learned in elementary school and the remaining 939 in middle school. An additional 284 kanji, along with the Jooyoo Kanji, are available for use in personal names.

Aside from these standards, there are few overriding restrictions at a popular level on how a certain word must be written, whether in kanji or in one of the kana syllabary. There is considerable room for individual choice in a wide variety of writing activities. According to time and place, a person may write the same word in different ways without being rigidly consistent. In this respect, Japanese script stands apart from English and European scripts, where the correct spelling of words is more or less fixed.

In conclusion, a few words might be said about the role that kanji play in the transcription of Japanese, particularly in light of the burden that the complexity of kanji places on the student. For over 1,500 years, kanji have been recognized as a Japanese script, and they continue to be employed today as a matter of course. True, there are some Japanese who feel that kanji should be abandoned in favor of the exclusive use of hiragana and katakana, and there are others who champion the Roman alphabet. Nevertheless, the overwhelming opinion is that kanji are indispensable in expressing through writing the multifaceted aspects of Japanese culture.

Among students of the Japanese language, there are many who find kanji to be a formidable and unwelcome barrier, while there are others who have taken up the study of Japanese precisely because of a fascination with kanji. For these latter students there is a certain satisfaction and even joy in unraveling the meaning and reading of individual kanji as they become familiar with the shapes and structures out of which kanji are formed. Perceiving how one kanji changes in meaning when combined with another is a further source of intellectual satisfaction. All students are encouraged to take this curious-minded, puzzle-solving approach; it makes the study of kanji so much more interesting and rewarding.

It is the hope of the authors of this book that students will familiarize themselves with kanji from the earliest possible stage in their study of the language, so that they can more easily make use of kanji in whatever occupation or walk of life connected with the Japanese language that they choose to undertake. That is the reason kanji have been introduced from the very first lesson of *Japanese for College Students: Basic* and presented so that groups of kanji with associated meanings can be learned and put into practice in the most efficient possible way.

Vertical Versus Horizontal

Japanese is generally written and printed from top to bottom, the lines running from right to left, with the exception of publications and papers that deal with science, mathematics, foreign languages, et cetera. Recently, however, horizontal handwriting has achieved some popularity among young people. In this book, horizontal writing is used in the main text, and vertical writing in the "Reading" and "Writing" sections.

ABBREVIATIONS AND TERMINOLOGY

Adj	=	adjective (e.g., 'ookii', 'takai')
Adj'l	=	adjectival; a word or phrase that has an adjective-like function (e.g., 'Tanaka-san wa <u>se ga takai</u> desu' "Mr. Tanaka is tall").
Adv	=	adverb (e.g., 'yukkuri', 'itsumo')
Adv'l	=	adverbial; a word or phrase that has an adverb-like function (e.g., 'dono kurai', 'moo sukoshi')
Agent	=	doer of an action
AN	=	adjectival noun (e.g., 'genki', 'hima')
Aux	=	auxiliary verb; verb used with a preceding verb (e.g., 'tabete <u>iru</u>')
Conj	=	conjunction
copula		a verb that identifies the predicate of a sentence with the subject (e.g., 'da', 'desu')
CV	=	consonant verb; verb whose stem ends in a consonant (e.g., ka<u>k</u>-u, yo<u>m</u>-u, hana<u>s</u>-u)
Dem. M	=	demonstrative modifier (e.g., 'kono', 'sono', 'ano', 'dono')
Dem. Pro.	=	demonstrative pronoun (e.g., 'kore', 'sore', 'are', 'dore', 'koko', 'soko', 'asoko', 'doko')
Exp	=	"Expressions" section
GN	=	"Grammar Notes" section
Interj	=	interjection
IV	=	irregular verb (e.g., 'suru', 'kuru', 'benkyoo suru')
N	=	noun
nominalizer		a noun which changes a sentence into a noun (e.g., 'no' and 'koto' in the following: 'Supootsu suru <u>no</u> ga suki da', 'Kanji o kaku <u>koto</u> ga dekiru')
P	=	particle (e.g., 'wa', 'ga', 'o', 'e', 'de', 'ni', 'kara')
Plain		the plain or dictionary form of copulas, adjectives, and verbs (e.g., 'da', Adj-i, V-(r)u)
Polite		the polite form of copulas, adjectives, and verbs (e.g., 'desu', Adj-i desu, V-(i)masu)
pn	=	proper name/noun

Predicate	The four types of predicates are N + da, AN + da, Adj-i, V-(r)u
Pref	= prefix (e.g., 'o' in '<u>o</u>benkyoo')
Quant	= quantifier
Ques	= question word
S	= sentence
Stem	= Adj-, V- (e.g., ooki- of 'ookii', taka- of 'takai', tabe- of 'taberu', kak- of 'kaku')
Subject	a noun which is normally followed by the particle 'ga'
Suf	= suffix (the inflectional ending of verbs: e.g., tabe-<u>sase</u>-ru, tabe-<u>rare</u>-ru)
Topic	the particle 'wa' indicates that the preceding word/phrase is the topic of the sentence (e.g., <u>Tanaka-san wa</u> hon o yomu)
V$_i$	= intransitive verb; a verb which does not take a direct object (e.g., 'Tanaka-san ga <u>kuru</u>')
V$_t$	= transitive verb; a verb which takes a direct object (e.g., 'Tanaka-san ga hon o <u>yomu</u>')
VV	= vowel verb; a verb whose stem ends with a vowel (e.g., tab<u>e</u>-ru, m<u>i</u>-ru)

LESSON 11 第十一課
だい か

LISTENING AND SPEAKING

Objectives

Explaining matters relating to oneself
Describing people and things
Talking on the telephone

Points

- telling how one is doing
- making telephone calls and stating one's business

Sentences

1 （わたしは）政治を勉強します。
せいじ　べんきょう

　（わたしは）政治の勉強をします。
せいじ　べんきょう

2 山田さんは（今）あそこでワープロを打っています。
やまだ

　（わたしは）週末（に）はたいてい友だちに会っています。

　リーさんは（今）国へ帰っています。
く に

3 友だちが先生に会っているあいだ、わたしは図書館で本を読んでいます。
と しょかん

4 （あなたは）もう昼ご飯を食べましたか。
ひる　はん

　はい／ええ、（わたしは）もう（昼ご飯を）食べました。
ひる　はん

　いいえ、（わたしは）まだ（昼ご飯を）食べていません。
ひる　はん

Expressions

1	○○さん（を）お願いします。	May I speak to ○○?	（ドリル	Ⅲ-1）
2	もしもし。	Hello. (on the phone)	（ドリル	Ⅲ-2）
3	いいえ、ちがいます。	You have the wrong number.	（ドリル	Ⅲ-2）
4	失礼しました。	Pardon me.	（ドリル	Ⅲ-2）
5	はい、Bですが。	This is B speaking.	（ドリル	Ⅲ-3）
6	失礼します。	Good-bye.	（ドリル	Ⅲ-3）
7	さようなら。	Good-bye.	（ドリル	Ⅲ-3）

フォーメーション

1-1　する verbs

例）　勉強　→　勉強する　→　勉強します

1) そうじ　→　　　　　5) せんたく　→

2) 買い物　→　　　　　6) 練習　→

3) 電話　→　　　　　　7) 連絡　→

4) コピー　→　　　　　8) デート　→

1-2

例）（わたし）、政治、勉強　→　（わたしは）政治を勉強します。
　　　　　　　　　　　　　　　　（わたしは）政治の勉強をします。

1)（わたしの）部屋、そうじ　→

2) 服、せんたく　→

3) 歴史、研究　→

4) 図書館のざっし、コピー　→

5) テニス、練習　→

2-1 ～ている：Form denoting 1) action in progress, 2) habitual action, or 3) result of an action that has taken place

例) 山田さん、あそこ、ワープロ、打つ

→ 山田さんは（今）あそこでワープロを打っています。

1) （わたし）、（わたしの）部屋、コンピュータ、使う　→

2) 先生、オフィス、コピー、する　→

3) 佐藤さん、あそこ、電話、かける　→

4) チェンさん、図書館、レポート、書く　→

5) （わたし）、日本語のコース、とる　→

2-2

例) （わたし）、日曜日、そうじやせんたく、する

→ （わたしは）日曜日（に）はたいていそうじやせんたくをしています。

1) （わたし）、日曜日の午後、好きな本、読む　→

2) リーさん、金曜日の夜、アルバイト、する　→

3) （わたし）、週末、友だち、会う　→

4) （わたし）、金曜日か土曜日、家族、電話する　→

2-3

例) リーさん、今、自分の国、帰る

→ リーさんは今自分の国へ帰っています。

1) 田中先生、きょう、大学、来る　→

2) 鈴木さん、今、近所の本屋、行く　→

3) 佐藤さん、めがね、かける　→

4) マリーさん、きれいなかさ、持つ　→

5) ジョンさん、結婚する　→

6) リーさん、大学のそば、住む　→

3 While ～

例) 友だちは先生に会っています： わたしは図書館で本を読んでいます

→ 友だちが先生に会っているあいだ、わたしは図書館で本を読んでいます。

1) わたしは出かけています：（あなたは）（わたしの）部屋で待っていてください　→

2) 夏休み：（わたしは）ぜんぜん勉強しませんでした　→

3) （わたしは）テニスをしていました：（わたしは）たいへん暑かったです　→

4) リーさんは国に帰っています：わたしはリーさんのアパートに住みます　→

4 Already did ～ / Haven't ～ yet

例）昼ご飯、食べる
　　→ （あなたは）もう昼ご飯を食べましたか。
　　　はい／ええ、（わたしは）もう（昼ご飯を）食べました。
　　　いいえ、（わたしは）まだ（昼ご飯を）食べていません。

1) きょうの宿題、する　→

2) この課の言葉、覚える　→

3) あの映画、見る　→

4) 先生、電話、かける　→

5) 電子メール、送る　→

ドリル

Ⅰ　Describing actions in progress

Ａ：すみません。山田さんは？
Ｂ：あそこでそうじしていますよ。

コピーをする	仕事をする
ワープロを打つ	お客さんと話す
手紙を書く	電話をかける

Ⅱ　Who's who?

Ａ：この中に、スミスさんがいます。さがしてください。
Ｂ：スミスさんはぼうしをかぶっていますか。
Ａ：はい。
Ｂ：セーターを着ていますか。
Ａ：はい。
Ｂ：ズボンをはいていますか。
Ａ：はい。
Ｂ：じゃ、スミスさんは２です。
Ａ：そうです。

ぼうし	かぶる	上着	着る	ジーンズ	はく
めがね	かける	セーター	着る	ズボン	はく
アクセサリー	つける、する	ブラウス	着る	スカート	はく
時計	はめる、する	Ｔシャツ	着る	くつ	はく
ネクタイ	する			スニーカー	はく

Ⅲ-1　Answering the dorm phone

Ａ：はい、○○寮です。

Ｂ：○○さん、お願いします。

Ａ：はい。…もしもし、今、出かけています。

Ｂ：そうですか。ありがとうございました。

Ａ：いいえ。

Ⅲ-2　Wrong number

Ａ：もしもし。○○さんのお宅ですか。

Ｂ：いいえ、ちがいます。

Ａ：えっ、○○—○○○○じゃありませんか。

Ｂ：いいえ、ちがいます。

Ａ：失礼しました。

Ⅲ-3　Making plans over the phone

Ａ：もしもし。

Ｂ：はい、Ｂですが。

Ａ：Ｂさん。今度の日曜日に映画に行きませんか。

Ｂ：いいですね。何を見ましょうか。

Ａ：○○はどうですか。

Ｂ：いいですね。

Ａ：じゃあ、時間はまた後で。

Ｂ：はい、じゃあ、失礼します。

Ａ：さようなら。

Make your own plans.

CARD A

I Introducing yourself

Introduce yourself at a semiformal gathering. Give your name, home-town, university, major, what you are doing, your interests, and where you live, etc.

CARD A

II Introducing yourself

You came to Japan to study at ICU for a year and this is the second semester. You have new classmates. Give a semiformal self-introduction.

CARD A

III Making a phone call

You are ___ from ICU. Make a phone call to ___.

CARD B

III Making a phone call

You receive a phone call and tell the caller that ___ is out now.

CARD A

IV Making a phone call

You are ___ from ICU. Make a phone call to ___.

CARD B

IV Making a phone call

You receive a phone call. The caller wants to talk to ___. You get him/her.

CARD A

V Making a phone call

You are ___ from ICU. Make a phone call to ___.

CARD B

V Making a phone call

You receive a phone call from a friend.

GRAMMAR NOTES

....

1. Action in progress, habitual action, or result of an action that has taken place

....

> N が　V-て　います

The verb います, which was introduced in Lesson 6 (GN1&3, Vol. 1), means 'exist' and indicates a state, not an action. Since います indicates a state, the pattern V-ています also indicates a state and literally means 'be in the state of V-ing', where V indicates an action. The pattern denotes three different meanings, depending upon what kind of action verbs and time expressions are used. The doer (agent) of the action indicated by V is expressed as N が(は).

1) In patterns with verbs whose meaning involves durative action and such time expressions as 今 (now) and きのう (yesterday), the pattern means 'to be in the state of V-ing'.

山田さんは今あそこでワープロを打っています。
Mr. Yamada is over there working with the word processor now.

先生はオフィスでコピーしています。
The teacher is making copies in the office.

きのうチェンさんは図書館でレポートを書いていました。
Mr. Chen was writing a report at the library yesterday.

2) With durative action verbs and time frequency adverbs, this pattern is used to refer to habitual, repeated action.

日曜日には、たいていそうじやせんたくをしています。
On Sundays I usually clean house and wash clothes.

週末には、たいてい友だちに会っています。
On weekends I usually meet my friends.

リーさんは金曜日の夜、たいていアルバイトをしていました。
Mr. Lee usually worked part-time on Friday nights.

3) With motion verbs, and with nondurative action verbs, this pattern indicates the continuation of a state resulting from a completed process, motion, or action.

リーさんは今、国へ帰っています。
Mr. Lee has returned to his home country (and he is there now).

ジョンさんは結婚しています。　John is married.

田中先生はきのう大学に来ていました。
Professor Tanaka came to the university and was there yesterday.

2. Already did ~ / Haven't ~ yet

もう〜V-ました　か	Have you done ~ already?
はい／ええ、もう〜V-ました	Yes, I have done/did ~ already
いいえ、まだ　〜V-ていません	No, I haven't done ~ yet

The expression もう V-past corresponds to the English 'already have done / already did'.

もう昼ご飯を食べましたか。　Have you eaten lunch already?
はい／ええ、もう食べました　Yes, I have.
いいえ、まだ食べていません。　No, I haven't eaten yet.

3. While ~

S₁ non-past plain　あいだ、S₂

This pattern expresses the meaning that the continuing action or state described in S₂ happens simultaneously throughout the time described in S₁. The sentence preceding あいだ has to take the non-past plain form, except in the case of noun predicates where です is replaced by の.

友だちが先生に会っているあいだ、わたしは図書館で本を読んでいます。
While my friend is meeting with the teacher, I'll be reading a book in the library.

夏休みのあいだ、ぜんぜん勉強しませんでした。
During the summer vacation, I didn't study at all.

テニスをしているあいだ、たいへん暑かったです。
It was very hot while I was playing tennis.

READING

電子メール / E-mail

キムさんは、友子さんに電子メールを送りました。

> To: tomoko@icu.ac.jp
> From: kim@icu.ac.jp
>
>
> 友子さんへ
> 元気ですか。今度の金曜日に映画に行きませんか。きっぷ
> が2枚あります。返事をください。
> 今、わたしはリーさんのアパートにいます。リーさんがく
> にに帰っているあいだ、リーさんのアパートに住んでいる
> んです。
> 電話がないから、メールで返事をおねがいします。
> じゃあ、また。
> キム

友子さんから返事が来ました。

```
To: kim@icu.ac.jp
From: tomoko@icu.ac.jp


キムさんへ
メール、ありがとう。ざんねんだけど、金曜日はアルバイ
トをしているから、時間がありません。ごめんなさい。
レポートはもう書きましたか。わたしはまだ書いていませ
ん。この宿題は、むずかしいですね。
それじゃ、また大学で。
友子
```

電子(でんし)メール　　N　　electronic mail（e-mail）　　返事(へんじ)　　N　　reply
友子(ともこ)　　　　　N　　pn: Tomoko

□**読む前に**
あなたは電子メールを使いますか。

□**質問**
1. キムさんはどうして(なぜ)友子さんに電子メールを送りましたか。
2. キムさんは今どこにいますか。
3. キムさんは今どうしてそこにいますか。
4. 友子さんからどんな返事が来ましたか。
5. 友子さんはもうレポートを書きましたか。
6. キムさんはもうレポートを書きましたか。

□**話しましょう**
1. あなたはだれに電子メールを送りますか。どんな時電子メールを送りますか。どんなこ
　とを書きますか。

□**書きましょう**
1. 電子メールを友だちに送りましょう。
2. 電子メールの返事を送りましょう。

WRITING
[KANJI]

覚える （おぼえる）: to remember, memorize 打つ （うつ）: to hit, beat

結婚する （けっこんする）: to marry, get married 例 （れい）: example

連絡する （れんらくする）: to contact

新しい漢字
（かんじ）

82

ことば	れんしゅう	毎
毎日・毎月・毎年 1まいにち 2まいつき 3まいとし	毎 毎	くん / おん まい
		いみ
		every
	かきじゅん	毎 ノ 一 匕 匂 毎
1 every day 2 every month 3 every year		

83

ことば	れんしゅう	週
先週・今週・来週・ 1せんしゅう 2こんしゅう 3らいしゅう 毎週・三週間 4まいしゅう 5さんしゅうかん	週 週	くん / おん しゅう
		いみ
		week(s)
	かきじゅん	週 用 丿 周 冂 周 月 週 用 週 用
1 last week 2 this week 3 next week 4 every week 5 three weeks		

84

ことば	れんしゅう	住
住む 1す	住 住	くん / おん す(む) / じゅう
		いみ
		to live in, to reside
	かきじゅん	住 ノ 住 イ 仁 仁 住
1 to live, to reside		

39

使

ことば | れんしゅう

1 つか　使う

くん（つか う）・おん　し

いみ　to use

かきじゅん
ノ イ 仁 仁 仹 使 使

1 to use

着

ことば | れんしゅう

1 き　着る・2 うわぎ　上着・3 つ　着く

くん（き る）・ぎ・つ（く）・おん

いみ　to wear, to put on, to arrive

かきじゅん
、 ゛ ヽ ゛ ヾ ゾ 并 羊 羊 着 着

1 to wear, to put on
2 a coat, a jacket
3 to arrive

帰

ことば | れんしゅう

1 かえ　帰る

くん（かえ る）・おん　き

いみ　to return, to go/come back

かきじゅん
丨 刂 刂 刂 帰 帰

1 to go home

持

ことば | れんしゅう

1 も　持つ・2 かね も　金持ち・3 き も　気持ち

くん（も つ）・おん

いみ　to hold, to have

かきじゅん
一 十 才 扌 扗 拌 持 持

1 to have, to hold
2 a rich person
3 feelings

待

ことば | れんしゅう

1 ま　待つ

くん（ま つ）・おん　たい

いみ　to wait

かきじゅん
ノ ク イ 彳 彳 社 待 待

1 to wait

WRITING

LESSON 11

第十一課

書く練習（かくれんしゅう）

一、□（まいにち）□（よじかん）□（にほんご）を勉強（べんきょう）します。

二、□（らいしゅう）国（くに）へ□（かえ）ります。

三、□（うわぎ）を□（き）ます。

四、□（とも）だちに□（あ）いました。

五、□（がい）国（こく）に旅□（こう）します。

六、□（しゅう）末に□（ようじ）があります。

七、東京に□（す）んでいます。

八、辞（じ）□（しょ）を□（つか）って□（にほんご）を□（か）きます。

九、□（いっしゅうかん）□（ま）ってください。

十、□（せんせい）は□（しろ）い□（くるま）を□（も）っています。

読む練習（よむれんしゅう）

一、毎月、五万円使います。

二、一週間に一回、着物（もの）を着ます。

三、先週から大学の近（ちか）くに住んでいます。

四、毎日午前六時に家（いえ）を出て、午後七時に帰ります。

五、来週結婚します。

六、日本語のワープロを打ちます。

七、百の漢字（かんじ）を覚えました。

八、時々、例を使って話します。

九、毎週、木曜（よう）日に連絡してください。

十、山川さんは、大きい車を持って
います。

LESSON 12 第十二課
だい か

LISTENING AND SPEAKING

Objectives

Telling about oneself in greater detail

Points

- stating one's ideas indirectly
- forming conjectures about other people and events
- telling about one's intentions

Sentences

1 （わたしは）日曜日（に）はそうじしたりせんたくしたりします。
　　　　にちようび

2 朝はここから新宿まで1時間以上かかるかもしれません。
　　　　　しんじゅく

3 （わたしは）東京から大阪まで新幹線で2時間半ぐらいかかると思います。
　　　　　　　おおさか　しんかんせん　　　　　　　　おも

　（わたしは）日本の友だちをたくさん作りたいと思っています。
　　　　　　　　　　　　つく　　　　　おも

4 （わたしは）来年中国語を習おうと思います。
　　　　　　　　　　なら　　　おも

5 （わたしが）北海道へ行くとき、（わたしは）船で行きます。
　　　　　　　ほっかいどう

1　〜たり〜たりする

例）　わたし、日曜日、そうじする、せんたくする

　　→　（わたしは）日曜日はそうじしたりせんたくしたりします。

1) わたし、週末、友だちに会う、家族に手紙を書く　→

2) 学生、冬休み、旅行をする、国に帰る　→

3) 朝ご飯、パン、ご飯　→

4) 天気、いい、悪い　→

2　Maybe 〜

例）　朝はここから新宿まで1時間以上かかります

　　→　朝はここから新宿まで1時間以上かかるかもしれません。

1) あしたは晴れます　→

2) その映画はあまりおもしろくありません　→

3) あのホテルはサービスがいいです　→

4) マリーさんは病気です　→

3-1　I think 〜

例）　東京から大阪まで新幹線で2時間半ぐらいかかります

　　→　（わたしは）東京から大阪まで新幹線で2時間半ぐらいかかると思います。

1) チェンさんはあしたはクラスに出ません　→

2) あの学校にはテニスコートはありません　→

3) 佐藤先生のセミナーはとてもおもしろかったです　→

4) あしたはくもりです　→

3-2

例）　（わたしは）友だちを作る

　　→　（わたしは）日本で友だちを作りたいと思っています。

1) （わたしは）ワープロを習う　→

2) （わたしは）富士山を見る　→

3) （わたしは）旅行する　→

4) （わたしは）ホームステイをする　→

4-1　Plain volitional form of verbs

例）行く　→　行こう　　　　　　　　出る　→　出よう

1) 書く　→　　　　　　　　　　　7) 話す→

2) 待つ　→　　　　　　　　　　　8) 死ぬ→

3) 飲む　→　　　　　　　　　　　9) 帰る→

4) 会う　→　　　　　　　　　　　10) 泳ぐ→

5) よぶ　→　　　　　　　　　　　11) 見る→

6) 来る　→　　　　　　　　　　　12) する→

4-2　I intend to ～

例）（わたしは）来年中国語を習います→（わたしは）来年中国語を習おうと思います。

1) （わたしは）夏休みに北海道でホームステイをします　→

2) （わたしは）週末はレポートを書きます　→

3) （わたしは）寮に帰ります　→

4) （わたしは）ジョギングを始めます　→

5-1　When ～

例）（わたしは）子どもでした：（わたしは）遊ぶのが好きでした

→　（わたしが）子どものとき、（わたしは）遊ぶのが好きでした。

（わたしは）ひまです：（わたしは）音楽を聞きます

→　（わたしが）ひまなとき、（わたしは）音楽を聞きます。

（わたしは）暑いです：（わたしは）まどを開けます

→　（わたしが）暑いとき、（わたしは）まどを開けます。

（わたしは）小さかったです：（わたしは）先生になりたかったです

→　（わたしが）小さいとき、（わたしは）先生になりたかったです。

1) 雨です：せんたくしません　→

2) 病気でした：学校に行きませんでした　→

3) 寒いです：ストーブをつけます　→

4) いそがしかったです：テレビを見ませんでした　→

5) 子どもは元気です：よく遊びます　→

6) 寮が静かじゃありません：わたしは勉強しません　→

例）（わたしは）来月北海道へ行きます：（わたしは）船で行きます

→ （わたしが）来月北海道へ行くとき、（わたしは）船で行きます。

（わたしは）来月北海道へ行きます：（わたしはそこで）友だちに会います。

→ （わたしが）来月北海道へ行ったとき、（わたしはそこで）友だちに会います。

（わたしは）先月北海道へ行きました：（わたしは）船で行きました

→ （わたしが）先月北海道へ行くとき、（わたしは）船で行きました。

（わたしは）先月北海道へ行きました：（わたしはそこで）友だちに会いました

→ （わたしが）先月北海道へ行ったとき、（わたしはそこで）友だちに会いました。

1) （あなたは）わたしの国に来ます：（わたしに）連絡してください　→

2) （あなたは）駅に着きます：（あなたはそこからわたしに）電話してください　→

3) 授業がありません：学生は図書館で勉強しています　→

4) （わたしは）夏休みに国に帰りました：（わたしは国で）友だちに会いました　→

5) （わたしは）授業を休みます：（わたしは）先生に連絡します→

ドリル

Ⅰ Estimating time and expense

A：東京までどのくらいかかるでしょうか。

B：1時間ぐらいだと思いますよ。　　B：500円ぐらいだと思いますよ。

```
┌─── 横浜まで ───┐
│                │
│                │
│  2時間/1000円  │
│                │
└────────────────┘
```

```
┌─── 東京から大阪まで ───┐
│  新幹線で    3時間      │
│  新幹線で    1万円      │
└────────────────────────┘
```

```
┌─── ここから駅まで ───┐
│  バスで      20分     │
│  タクシーで  1000円   │
└───────────────────────┘
```

Ⅱ　Talking about the weather

A：あした東京の天気はどうでしょうか。

B：たぶん晴れるでしょう。　　　　　　　B：そうですね。雨が降るかもしれません。

大阪 おおさか	雨が降ります ふ
北海道 ほっかいどう	くもりです
九州 きゅうしゅう	風が強いです かぜ　つよ

Ⅲ　Listing daily activities

A：日曜日は何をしますか。
にちよう び

B：そうじしたりせんたくしたりします。

週末 休みの日	そうじする	料理する
	せんたくする	テレビを見る
	友だちと話す	テニスをする
	勉強する べんきょう	友だちに会う
	CDを聞く	手紙を書く て がみ

Ⅳ　Expressing one's ideas about traveling

A：日本に来るとき、どんな準備をしましたか。
じゅんび

B：友だちに手紙を書きました。
て がみ

ひらがなを覚える
日本のガイドブックを読む
日本人に話を聞く
車を売る う
おみやげを買う

Ⅴ Talking about past events

A：京都に行ったとき、どんなことをしましたか。

B：おてらを見たりおみやげを買ったりしました。

北海道 ほっかいどう 九 州 きゅうしゅう 沖縄 おきなわ	古いおてらを見る 写真をたくさんとる しゃしん おみやげを買う	友だちに会う コンサートに行く 海で泳ぐ うみ　およ

Ⅵ-1 Talking about your intentions（1）

A：日本でどんなことをしたいと思っていますか。
　　　　　　　　　　　　　　　　おも

B：日本人の友だちをたくさん作りたいと思っています。
　　　　　　　　　　　　　つく　　　　　おも

旅行する ホームステイする 富士山にのぼる ふ　じ　さん お茶を習う ちゃ　なら

Ⅵ-2 Talking about your intentions（2）

A：このコースでどんなことをしたいと思っていますか。
　　　　　　　　　　　　　　　　　　　おも

B：漢字を覚えたり会話を練習したりしたいです。
　　かん じ　　　　　　　れんしゅう

ビデオを見る 本を読む ニュースを聞く 手紙を書く て がみ 新聞を作る つく

CARD A

I Talking about plans

Tell your roommate about your plans for this semester.

CARD B

I Talking about plans

Ask about your roommate's plans for the semester.

CARD A

II Talking about a trip to Hokkaido

You are thinking of going to Hokkaido this coming vacation. You want to meet some friends there and to do a homestay, among other things. Talk about this trip with an acquaintance and accept any suggestions he/she gives you.

CARD B

II Talking about a trip to Hokkaido

Your acquaintance, a foreign student, is thinking of going to Hokkaido this coming vacation. Ask him/her what he/she wants to do in Hokkaido. Hokkaido might get fairly cold at night, so you suggest that a jacket be taken along.

LISTENING
AND
SPEAKING

LESSON

12

第
一
二
課

GRAMMAR NOTES

1. An inexhaustive listing of actions or states

| V₁-たり V₂-たりする | do things such as V₁ or V₂/sometimes V₁ and sometimes V₂ |

This pattern expresses the idea 1) that a number of actions or states are taking place concurrently in a given situation, with V₁ and V₂ being given as examples, and 2) that alternate actions or states are taking place over a given period of time, with V₁ and V₂ being those states or actions.

The V-たり form consists of V-た, the plain past affirmative form of verbs (L10 GN4, Vol. 1), followed by -り.

Dictionary Form			Plain Past Affirmative Form	-たり Form
そうじする		clean	そうじした	そうじした-り
来る		come	来た	来た-り
見る		see, look	見た	見た-り
聞く		listen	聞いた	聞いた-り
N/AN だ		is/am/are	N/AN だった	N/AN だった-り
いい		good	よかった	よかった-り

In this pattern, tense and aspect are carried by the verb する. Thus, する changes to した, しました, します, しません, しています, etc. according to the context.

日曜日はそうじしたりせんたくしたりします。
On Sundays I do such things as house cleaning and the laundry.

朝ご飯はパンだったりご飯だったりします。
Sometimes I have bread for breakfast and sometimes rice.

天気がよかったり悪かったりします。
The weather is sometimes good and sometimes bad.

先週の土曜日は友だちに会ったり買い物をしたりしました。
Last Saturday I did things like meeting a friend and shopping.

休み時間に学生は話をしたり手紙を書いたりしています。
Some students are chatting and some are writing letters during the break.

The number of listed actions or states is generally two. However, there are cases in which more than two actions or states are listed, or, conversely, cases in which only one action or state is listed.

週末は友だちに会ったり、家族に手紙を書いたり、買い物をしたりします。
On weekends I do things like meeting friends, writing letters to my family, and going shopping.

学生は冬休みに旅行をしたりします。
Students take trips and do other such things during winter vacation.

2. Conjecture (2): May be/Might

S plain かもしれない

may be/might

This pattern denotes conjecture on the speaker's part. It corresponds to the English 'may be' or 'might'. The sentence preceding かもしれない can be in the non-past, past, affirmative, or negative form, but it has to be in the plain form (L10 GN4, Vol. 1).

Note that when the predicate of a sentence is a noun predicate or adjectival predicate, だ in the plain non-past affirmative form is omitted before かもしれない.

あしたは晴れるかもしれません。
It may be clear tomorrow.

マリーさんは病気かもしれません。
Mary may be sick.

その映画はあまりおもしろくないかもしれません。
That movie may not be very interesting.

北海道はくもりだったかもしれません。
It might have been cloudy in Hokkaido.

ジョンさんは京都に行ったかもしれません。
John might have gone to Kyoto.

試験はむずかしかったかもしれません。
The exam might have been difficult.

3. The speaker's opinions

$$（わたしは）S_{plain}\ と\ \begin{bmatrix} 思\underset{おも}{う} \\ 思\underset{おも}{っ}ている \end{bmatrix}\ \quad I\ \begin{bmatrix} \text{think} \\ \text{am thinking} \end{bmatrix}\ \text{that S}$$

In this lesson, the subject (doer) of the verb 思う/思っている is limited to the speaker.

Ending with 思う, this pattern expresses opinions which the speaker holds at the time of speaking; ending with 思っている, it expresses opinions which the speaker has had since sometime in the past.

A sentence followed by と, which functions to mark a quotation, expresses what the speaker thinks or is thinking. The predicate of the sentence has to be in the plain form.

東京から大阪まで新幹線で2時間半ぐらいかかると思います。
I think it takes (will take) about two and a half hours from Tokyo to Osaka by Shinkansen (bullet train).

わたしは佐藤先生のセミナーはとてもおもしろかったと思います。
I think that the seminar by Professor Sato was very interesting.

日本人の友だちをたくさん作りたいと思っています。
I have been thinking that I would like to have a lot of Japanese friends. (I am hoping to have a lot of Japanese friends.)

あしたは雨は降らないと思います。
I think that it won't rain tomorrow. (I don't think it will rain tomorrow.).

4. The speaker's volition: I think I will ～

$$（わたしは）\ V_{volitional}\ と\ 思\underset{おも}{う} \quad\quad I\ \text{think I will} \sim$$

This pattern denotes the speaker's volition or intention. It corresponds to the English 'I think I will ...' The speaker's volition or intention is carried by the verb in volitional form. The polite volitional form of verbs, V-ましょう, has already been introduced in Lesson 4 (GN5, Vol. 1). In this lesson, the corresponding plain form is introduced. The subject of the verb 思う and that of the verb in the volitional form are identical, and in this section both are limited to the speaker, わたし. The volitional form of the verb in plain form is derived from the dictionary form in the following way: attach the volitional suffix -(y)oo to the dictionary form stem of the verb. For vowel verbs, the suffix is -yoo, and for consonant verbs, it is -oo. (In suffixing -(y)oo to consonant verbs, -y is omitted to maintain the standard order of CVCV... in the volitional form.) As for the conjugation of the irregular verbs, the volitional forms are likewise irregular.

1) Vowel verbs:

Dictionary Form	Plain Volitional Form
mi-ru（見る）see, look	mi-yoo（見よう）
de-ru（出る）come out	de-yoo（出よう）

2) Consonant verbs:

Dictionary Form	Plain Volitional Form
kak-u（書く）write	kak-oo（書こう）
oyog-u（泳ぐ）swim	oyog-oo（泳ごう）
hanas-u（話す）speak, talk	hanas-oo（話そう）
mats-u（待つ）wait	mat-oo（待とう）
kaer-u（帰る）return	kaer-oo（帰ろう）
a-u（会う）meet	a-oo（会おう）
yob-u（よぶ）call	yob-oo（よぼう）
nom-u（飲む）drink	nom-oo（飲う）
shin-u（死ぬ）die	shin-oo（死のう）

Suffixing -oo to consonant verbs is explained in the table of the Japanese syllabary as follows: replace the last syllable of the dictionary form of a consonant verb, -く, -ぐ, -す, -つ, -る, -う, -ぶ, -む or -ぬ, with its corresponding sound in the -[o] row, -こ, -ご, -そ, -と, -ろ, -お, -ぼ, -も or -の, respectively; then add -う.

[w]-	[r]-	[m]-	[b]-	[n]-	[t]-	[s]-	[g]-	[k]-	
わ	ら	ま	ば	な	た	さ	が	か	-[a]
（い）	り	み	び	に	ち	し	ぎ	き	-[i]

Dictionary Form Ending

（う）	る	む	ぶ	ぬ	つ	す	ぐ	く	-[u]
（え）	れ	め	べ	ね	て	せ	げ	け	-[e]

Plain Volitional Stem Ending

を*	ろ	も	ぼ	の	と	そ	ご	こ	-[o]＋う

※ を is used only as an object marker. In all other cases, use お in place of を.

3) Irregular verbs:

Dictionary Form	Plain Volitional Form

suru	する	do	shi-yoo（しよう）
kuru	来る	come	ko-yoo（来よう）

来年中国語を習おうと思います。
I think I will learn Chinese next year.

わたしは寮に帰ろうと思います。
I think I will go back to the dormitory.

夏休みに北海道でホームステイをしようと思います。
I think I will do a homestay in Hokkaido during summer vacation.

きょうからジョギングを始めようと思います。
I think I will start jogging from today.

5. When ～

S₁ plain とき（に）、S₂	When S₁, S₂

This pattern basically corresponds to the English 'When S₁, S₂'. The word とき is a dependent noun, which literally means 'time'. The S₁ preceding とき specifies the 'time'. It may have any of the four kinds of predicates in a non-past, past, affirmative, or negative form, but the predicate must be in the plain form. Since S₁ とき denotes the time of occurrence of S₂, it may be followed by the time marker に.

Note that the plain non-past form of the noun predicate of S₁ is N の（とき） instead of N だ（とき）, and the plain non-past form of the adjectival noun predicate of S₁ is AN な（とき） instead of AN だ（とき）.

The time when S₂ takes place is described in relation to the time of the occurrence of S₁. Basically the following three time relations occur between S₁ and S₂:

- S₁ and S₂ take place at the same time. (S₁＝S₂)
- When S₁ is completed, S₂ takes place. (S₁→ S₂)
- S₂ takes place at a time when S₁ has yet to be completed. (S₁← S₂)

The time relation between S₁ and S₂ is reflected in the non-past and past forms of the S₁ predicate. The non-past form of the predicate of S₁ shows that the action or state expressed by S₁ is not completed at the time of S₂, and its past form shows that it is completed at the time of S₂. On the other hand, the non-past or past form of S₂ shows the actual tense that is anchored to the time at which the speech occurred ('now'). The following four combinations of time relations and the form of predicates of S₁ and S₂ are possible:

S₁［・・・V₁-る］-とき、S₂［・・・V₂-ます］。(S₁＝S₂, S₁← S₂)

S₁［・・・V₁-た］-とき、S₂［・・・V₂-ます］。(S₁→ S₂)

S₁［・・・V₁-る］-とき、S₂［・・・V₂-ました］。 (S₁＝S₂, S₁← S₂)

S₁［・・・V₁-た］-とき、S₂［・・・V₂-ました］。 (S₁→ S₂)

V-る and V-た denote the plain non-past form and the plain past form of the predicate, respectively. Note that the predicate of S_1 is always in its plain non-past form when the predicate of S_1 is stative (that is, expresses a state or condition). Because the stative predicate of S_1 shows the state at the time of S_2, its time relationship is $S_1 = S_2$, and is not sequential.

病気のとき、わたしは学校に行きませんでした。 ($S_1 = S_2$)
When I was sick, I didn't go to school.

病気のとき、わたしは学校に行きません。 ($S_1 = S_2$)
When I am sick, I do not go to school.

いそがしいとき、テレビを見ませんでした。 ($S_1 = S_2$)
When I was busy, I didn't watch TV.

いそがしいとき、テレビを見ません。 ($S_1 = S_2$)
When I am busy, I do not watch TV.

父が家にいるとき、いっしょにゲームをしたり野球をしたりしました。 ($S_1 = S_2$)
When my father was at home, we did things together such as playing baseball and other games.

父が家にいるとき、いっしょにゲームをしたり野球をしたりします。 ($S_1 = S_2$)
When my father is at home, we do things together such as playing baseball and other games.

クラスがないとき、学生は図書館で勉強しています。 ($S_1 = S_2$)
When they don't have classes, students study in the library.

来月北海道へ行くとき、船で行きます。 ($S_1 = S_2$)
When I go to Hokkaido next month, I will go by ship.

出かけるとき、げんかんにかぎをかけてください。 ($S_1 \leftarrow S_2$)
When you go out, please lock the front door.

駅に着いたとき、電話してください。 ($S_1 \rightarrow S_2$)
When you get to the station, please call me.

来月北海道へ行ったとき、友だちに会います。 ($S_1 \rightarrow S_2$)
When I go to Hokkaido next month, I will meet my friend there.

こどものとき、あそぶのが好きでした。 ($S_1 = S_2$)
When I was a child, I liked playing.

北海道へ行くとき、船で行きました。 ($S_1 = S_2$)
When I went to Hokkaido, I went by ship.

リーさんは、寝るとき、めざまし時計をかけました。(S₁← S₂)
Mr. Lee set his alarm clock when he went to bed.

夏休みに国に帰ったとき、アルバイトをしました。(S₁→ S₂)
I did a part-time job when I went back to my home country during the summer vacation.

北海道へ行ったとき、友だちに会いました。(S₁→ S₂)
When I went to Hokkaido, I met my friend there.

READING

空港へ / To the Airport

　水曜日の朝、サリーさんの友だちのロンさんから手紙が来ました。

　サリーさんへ

　9月20日（土曜日）に　日本へ行きます。

　ひこうきはTG211で、3時半に成田空港に着きます。

　　　　　　　　　　　　　　　　　　　　　　　　ロン

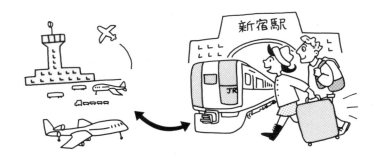

　土曜日は大学はありません。サリーさんは、成田空港へ行こうと思いました。

　土曜日の昼、サリーさんは、友だちの秋男さんといっしょに新宿駅から成田エクスプレスに乗りました。新宿から成田まで3時間ぐらいかかると思っていましたが、1時間半で着きました。

空港の出口は二つありました。二人は、はじめ左の出口でロンさんを待ちましたが、ロンさんは出て来ませんでした。右の出口から出て来るかもしれないので、サリーさんは右の出口で、秋男さんは左の出口で待ちました。

3時50分、ロンさんは右の出口から出て来ました。三人は、成田エクスプレスの中で、タイの話をしたり日本の話をしたりして、帰りました。

サリー	N	pn: Sally	ロン	N	pn: Ron
TG211	N	Thai Airways International, flight number 211			
秋男（あきお）	N	pn: Akio			
成田エクスプレス	N	Narita Express (express bound for Narita)			
出口（でぐち）	N	exit			
はじめ		at first			
出て来る（でてくる）	Vi	to appear, come out			
ので	Conj	＝から (because, as)			

□**読む前に**

あなたは日本のどの空港に着きましたか。

□**質問**

1. 土曜日、サリーさんはなぜ成田空港へ行きましたか。
2. サリーさんと秋男さんは何に乗って、成田空港へ行きましたか。
3. 新宿から成田までどのぐらいかかりましたか。
4. a. サリーさんと秋男さんはいっしょに右の出口でロンさんを待ちましたか。
   b. それはどうしてですか。
5. ロンさんは何時にどこから出て来ましたか。
6. サリーさんとロンさんと秋男さんは、成田エクスプレスの中でどんな話をしましたか。

□**話しましょう**

1. 三鷹から成田空港まで行きましたか。
2. 何に乗って行きましたか。何時間ぐらいかかりましたか。

□**書きましょう**

1. いろいろな行き方を調べて、書きましょう。

　　〜（駅）から〜（駅）まで、

　　〜駅で〜に乗ります／〜駅で〜に乗りかえます／〜駅で降ります

WRITING
[KANJI]

読み方を覚えましょう

暑い （あつい）: hot

寒い （さむい）: cold

船 （ふね）: ship, boat

晴れる （はれる）: to clear up, become clear

成田 （なりた）: Narita

空港 （くうこう）: airport

非常口 （ひじょうぐち）: emergency exit

新しい漢字

90

ことば	れんしゅう	国

くん: くに ・ おん: こく・ごく

いみ: a nation, a country

ことば: 1 くに　2 がいこく　3 がいこくじん　4 きこく　5 ちゅうごく
国・外国・外国人・帰国する・中国

かきじゅん

1 a country
2 a foreign country
3 a foreigner
4 to go/ come back to one's own country
5 China

91

ことば	れんしゅう	館

くん: ・ おん: かん

いみ: a building

ことば: 1 たいしかん
大使館

かきじゅん

館 舘 舘 舘 舘 ／ 舘 舘 舘 舘 舘 今 今 今 今 今

1 an embassy

92

ことば	れんしゅう	図

くん: ・ おん: ず・と

いみ: a graph, a drawing

ことば: 1 としょかん
図書館

かきじゅん

1 a library

58

93 映

ことば	れんしゅう	映
1 映画 えいが	映 映	くん・おん えい
		いみ
		to reflect, to project
		かきじゅん
1 a film, a movie	映 映 映 昳 昒	日 日 日 日

94 画

ことば	れんしゅう	画
1 映画 えいが 2 映画館 えいがかん	画 画	くん・おん が・かく
		いみ
		a picture, a painting
		かきじゅん
1 a film, a movie 2 a movie theater	画 画 面	一 一 一 一 一 丁 币 币

95 銀

ことば	れんしゅう	銀
1 銀行 ぎんこう	銀 銀	くん・おん ぎん
		いみ
		silver
		かきじゅん
1 a bank	銀 銀 銀 銀 銀	ノ ヘ 今 今 金 金 金

96 堂

ことば	れんしゅう	堂
1 食堂 しょくどう	堂 堂	くん・おん どう
		いみ
		a hall
		かきじゅん
1 a dining room, a restaurant	堂 堂 堂 堂 堂	丷 丷 丷 丷 丷

97 駅

ことば	れんしゅう	駅
1 駅 えき	駅 駅	くん・おん えき
		いみ
		a station
		かきじゅん
1 a railroad station	馬 馬 駅 駅	一 厂 厍 馬 馬

98 以

ことば	れんしゅう	以
1 以上 いじょう 2 以下 いか 3 以外 いがい	以 以	くん・おん い
		いみ
		than
		かきじゅん
1 more than 2 less than 3 except		丶 丶 以 以 以

一、□（らいげつ）□（こく）する予定です。

二、□（だいがく）の□（しょくどう）と□に□（い）きます。

三、□（まいしゅう）□（たいしかん）で□（しごと）しています。

四、□（えき）に□（つ）いて、□（でんわ）しました。

五、□（えいがかん）で□（がいこく）の□（えいが）を□（み）ました。

六、□（ぎんこう）に□（ようじ）があります。

七、ここには□（ごまん）の□（いじょう）の□（ほん）がある。

八、□（にほんご）の英（えい）□（ご）の□（ほん）は□（ひゃく）さつです。

九、□（ごご）□（じ）に□（えき）□（ま）で□っています。

十、□（しょくどう）で□（とも）だちと□（しょくじ）しました。

一、外国の大使館で仕事しています。

二、成田空港から外国旅行に行きます。

三、日本の八月は暑いです。二月は寒いです。

四、天気がよくて、晴れています。

五、来月、船に乗って帰国します。

六、この映画館の非常口はどこですか。

七、食堂の前に図書館があります。

八、毎年、八千万人以上の人が、この空港を使っています。

九、駅の向こうに大使館や銀行がある。

十、成田からあなたの国まで何時間かかりますか。

LESSON 13 第十三課
だい か

LISTENING AND SPEAKING

Objectives

Talking about one's abilities and talents

Points

- telling what one can or can't do
- explaining a situation
- describing two simultaneous actions

Sentences

1 （わたしは）テニスができます。

 （わたしは）ワープロを打つことができます。

2 （わたしは）ワープロが打てます。

3 電車がこんでいて、（わたしは）座れません。

4 わたしはどこへでも車で行きます。

5 （わたしは）本を読むようになりました。

6 （わたしは）新聞を読みながら朝ご飯を食べます。
あさ はん

1 （それは）たいへんですね。　　That's too bad.　（ドリル II）

2 いいですね。　　That's great.　（ドリル IV）

フォーメーション

1-1 Can

例）スキー　→　（わたしは）スキーができます。

1) 料理

2) ドイツ語

3) 運転

1-2

例）（わたしは）漢字を書きます　→　（わたしは）漢字を書くことができます。

1)（わたしは）ドイツ語を話します　→

2)（わたしは）日本語の新聞を読みます　→

3)（わたしは）あした来ます　→

4)（わたしは）テニスをします　→

2-1 Verbs in potential form

例）食べる　→　食べられる　→　食べられます

　　書く　→　書ける　　　→　書けます

1) 聞く　→　　　　6) 売る　→　　　　11) 寝る　→

2) 話す　→　　　　7) 買う　→　　　　12) 来る　→

3) 待つ　→　　　　8) 泳ぐ　→　　　　13) する　→

4) 死ぬ　→　　　　9) 遊ぶ　→

5) 読む　→　　　　10) 見る　→

例）（わたしは）ワープロを打ちます　→　（わたしは）ワープロが打てます。

1) （わたしは）1日に 10 こ漢字を覚えます　→

2) マリーさんは日本語をかなり話します　→

3) リーさんは朝早く起きます　→

4) （わたしは）あした午前 8 時に来ます　→

5) 佐藤さんはテニスをします　→

3　Connecting sentences

例）電車がこんでいます：（わたしは）座れません

　　→　電車がこんでいて、（わたしは）座れません。

1) （わたしは）朝は時間がありません：（わたしは）朝ご飯が食べられません　→

2) （わたしは）つかれています：（わたしは）何もできません　→

3) （わたしの）部屋は寒いです：（わたしは）寝られません　→

4) リーさんは病気です：（リーさんは）授業に来られません　→

5) （わたしは）日本語が上手になりません：（わたしは）こまっています　→

4　Anything, anyone, anytime, anywhere

例）わたしは車で行きます（どこへでも）　→　わたしはどこへでも車で行きます。

1) このスーパーマーケットにはあります（何でも）　→

2) 新聞は買えます（どこででも）　→

3) 国立図書館に入れます（だれでも）　→

4) 田中さんは親切です（だれにでも）　→

5) その仕事を始められます（いつからでも）　→

5-1　Now one does ～

例）子どもが本を読みます　→　最近子どもが本を読むようになりました。

1) だれでもコンピュータを使います　→

2) マリーさんは佐藤さんとデートします　→

3) リーさんは日本人の学生と話します　→

4) 学生がよくホームステイをします　→

5-2　Now one can ～

例）リーさんは日本語のニュースを聞きます

　　→リーさんは日本語のニュースが聞けるようになりました。

1) キムさんは日本語で話します　→

2)（わたしは）さしみを食べます　→

3)（わたしは）地下鉄に乗ります　→

4) リーさんはコンピュータを使います　→

6　While

例)（わたしは）新聞を読む：（わたしは）朝ご飯を食べる

　→　（わたしは）新聞を読みながら朝ご飯を食べます。

1)（わたしは）音楽を聞く：（わたしは）宿題をする　→

2) あの学生はアルバイトをする：（あの学生は）大学で勉強する　→

3)（わたしは）コーヒーを飲む：（わたしは）新聞を読む　→

4) リーさんは歩く：（リーさんは）コーラを飲む　→

ドリル

Ⅰ　Explaining one's abilities and talents in a job interview

A：ワープロが打てますか。

B：はい、打てます。　　　B：いいえ、打てません。

1日に5時間働く	コンピュータを使う
日本語の手紙を読む	車を運転する
夜8時までいる	日本語で電話をかける
あしたから来る	

Ⅱ　Explaining a situation

A：電車がこんでいて、座れないんです。

B：それはたいへんですね。

（寮が）うるさい	勉強する
もんげんがある	おそく帰る
時間がない	朝ご飯を食べる
いそがしい	遊ぶ
部屋が寒い	寝る

Ⅲ Talking about one's daily life

A：朝は時間がなくて、いそがしいでしょう。

B：ええ、それで、新聞を読みながら朝ご飯を食べています。

A：夜はどうしていますか。

B：たいてい音楽を聞きながら勉強しています。

宿題をする

服を着る

シャワーをあびる

コーヒーを飲む

ラジオを聞く

手紙を書く

晩ご飯を食べる

テレビを見る

Ⅳ Talking about getting better at doing things

A：前は日本語でニュースが聞けませんでしたが、聞けるようになりましたよ。

B：そうですか。いいですね。

わたしはまだ聞けませんが、早く聞けるようになりたいです。

地下鉄に乗る

駅のアナウンスがわかる

コンピュータを使う

日本語の新聞を読む

CARD A

I   Talking about your progress

You meet a foreign student after some time and are surprised at the progress he/she has made in the Japanese language. Compliment him/her on the progress made and encourage him/her to keep on studying.

CARD B

I   Talking about your progress

You (a foreign student) meet an acquaintance after some time. He/she compliments you on your progress in Japanese. You reply and point out a specific skill you think you have made improvement in.

CARD A

II   Stating what you can do and what you can't do

You are interviewing students applying for a part-time job. Ask the following: name, status, when they are available, knowledge of computers, knowledge of Japanese, and other things you want to know. Finally, ask them to write down their name and place of contact.

CARD B

II   Stating what you can do and what you can't do

You are applying for a part-time job and are interviewed.

GRAMMAR NOTES

....

1. Can

....

There are two different expressions to indicate one's ability to do something: 1) the verb できる and 2) the potential form of verbs.

1)

$$\begin{bmatrix} & N \\ V\text{-}る & こと \end{bmatrix} ができる$$　　can do N
　　　　　　　　　　　　　　　　　　　　can V

The word できる literally means 'can do' and the pattern expresses the meaning of 'one can do N' or 'one can V'. The word こと, which is attached to the plain form of verbs, functions as a nominalizer (that is, it changes a verb into a noun).

テニスができます。	I can play tennis.
わたしは漢字を書くことができます。	I can write kanji.
リーさんはすしを食べることができます。	Lee can eat sushi.

2) Potential form of verbs

V potential	can V

One's ability is expressed by the potential form of verbs, which are formed by attaching the suffix -(rar)e- to the verb stem; for vowel verbs, the suffix is -rare-, and for consonant verbs, it is -e-.

Vowel verbs:	tabe-ru	食べる	tabe-rare-ru	食べられる
	mi-ru	見る	mi-rare-ru	見られる
Consonant verbs:	kak-u	書く	kak-e-ru	書ける
	oyog-u	泳ぐ	oyog-e-ru	泳げる
	hanas-u	話す	hanas-e-ru	話せる
	mats-u	待つ	mat-e-ru	待てる
	shin-u	死ぬ	shin-e-ru	死ねる
	yob-u	よぶ	yob-e-ru	よべる

yom-u	読む	yom-e-ru	読める
kaer-u	帰る	kaer-e-ru	帰れる
ka-u	買う	ka-e-ru	買える

To accomplish this using the syllabary chart, replace the last sound, -く, -ぐ, -す, -つ, -ぬ, -ぶ, -む, -る, or -う, with its corresponding sound in the -[e] row, -け, -げ, -せ, -て, -ね, -べ, -め, -れ, or -え, respectively. Then add -る.

ん	わ	ら	や	ま	ばは	な	た	さ	がか	あ	-[a]
	(い)	り	(い)	み	びひ	に	ち	し	ぎき	い	-[i]
	(う)	る	(ゆ)	む	ぶふ	ぬ	つ	す	ぐく	う	-[u]

Potential

	(え)	れ	(え)	め	べへ	ね	て	せ	げけ	え	-[e]+る

	を	ろ	よ	も	ぼほ	の	と	そ	ごこ	お	-[o]

Irregular verbs:

suru	する	dekiru	できる
kuru	来る	korareru	来られる

The potential verb form of transitive verbs may mark its object with が instead of を.

ワープロが打てます。	I can use a word processor.
マリーさんは日本語が話せます。	Marie can speak Japanese.
あした午前8時に来られます。	I can come tomorrow morning at 8 o'clock.

2. Sentence connectives (4): -て form of the predicate

S₁ -て、　　S₂	S₁, and (therefore) S₂

V	-て
A	-くて
AN	で
N	で

The -て forms can be used to connect two sentences (L10 GN5, Vol. 1). The endings of S₁ are changed into the -て form. Semantically, like English 'and', the relationship between the two connected sentences varies. In this lesson we focus on the cause (S₁) and effect (S₂) relationship.

リーさんは病気で、授業に来られません。
Ms. Lee is ill and cannot attend class (Ms. Lee cannot attend class because she is ill).

部屋が寒くて、寝られません。
My room is cold, and I cannot sleep (I cannot sleep because my room is so cold).

電車がこんでいて、座れません。
The train is crowded, and I cannot get a seat (I cannot get a seat on the train because it is crowded).

3. Now one does ~

$$\begin{bmatrix} \text{V plain} \\ \text{V potential} \end{bmatrix} ようになりました$$

It's gotten so that now one does ~
can do~

The verb なる (become) was introduced in Lesson 8 (GN1, Vol. 1). The pattern ようになりました carries the meaning that a change has occurred so that now one does/ can do ~. Note that in order to get this meaning the verb なる has to take the past form なりました.

子どもが本を読むようになりました。
Now my child reads books.

キムさんは日本語で話せるようになりました。
Mr. Kim can now speak in Japanese.

4. Sentence connectives (5): Doing two things simultaneously

$$V_1 \text{ -ます stem} + ながら V_2$$

do ~ while doing ~

The same subject does two actions (V₁ and V₂) simultaneously with an emphasis on V₂ (V₂ is the main action). V₁ should be a verb that designates an action which lasts over a period of time—that is, a verb which is durative—such as 食べる, 読む, or 勉強する.

わたしは新聞を読みながら朝ご飯を食べます。
I eat breakfast while reading the newspaper.

あの学生はアルバイトをしながら大学で勉強します。
That student studies at the university while working part-time.

5. Anything, anyone, anytime, anywhere

QUESTION WORD + (particle) + でも	any ~

何		でも
だれ		でも
だれ	に	でも
いつ		でも
いつ	から	でも
どこ		でも
どこ	へ	でも
どこ	で	でも
etc.		

Question words like 何, だれ, いつ, and どこ with でも attached correspond to English indefinite pronouns, such as anything, anyone, anytime, and anywhere. Note that が and を are not used in the particle slot.

わたしはどこへでも車で行きます。　I go everywhere by car.

だれでも国立図書館に入れます。　Anyone can enter the National Library.

Usage Notes

- Formation 5-1.3 リーさんは日本人の学生と話します。

The particle と expresses the meaning of 'together with'; thus the sentence above means 'Lee talks with Japanese students'. Verbs that imply reciprocity require the N + と phrase when there is need to mention the second party involved.

山田さんは田中さんと結婚しました。
Mr. Yamada married Ms. Tanaka.

山田さんは田中さんとけんかしました。
Mr. Yamada argued with Mr. Tanaka.

READING

サリーさん（学生）の作文 / Student Essay

　わたしは日本へ来たとき、漢字はぜんぜん読めませんでした。でも、今では、駅の名前も少し読めるようになりました。「新宿」「成田」「横浜」は書けませんが、読むことはできます。「東京」「中野」は書くこともできます。でも、電車や地下鉄のアナウンスは、むずかしくて、まだよくわかりません。

　日本の食べものも、だいたい食べられるようになりましたが、なっとうとうなぎは、まだ食べられません。なっとうもうなぎも、においがいやです。

　このあいだ、ロンさんと友子さんが来たとき、タイのカレーをつくりました。ロンさんはたくさん食べましたが、友子さんは、あまり食べませんでした。からくて食べられなかったのでしょう。

　きょうは、朝早くおきて、横浜の友子さんのうちに行きました。三人で、すしをつくりました。すしを食べながら、テレビですもうを見ました。

漢字（かんじ）	N	kanji	うなぎ	N	eel
横浜（よこはま）	N	pn: Yokohama	におい	N	smell
中野（なかの）	N	pn: Nakano	カレー	N	curry
アナウンス	N	announcement	からい	A	hot, spicy
だいたい	Adv	almost	すもう	N	SUMO
なっとう	N	fermented beans (a type of Japanese food)			

□読む前に

1. あなたは駅の名前が読めますか。
2. あなたは日本の食べものは何でも食べられますか。

□質問
しつもん

1. Write T (true), F (false) or ？ (don't know).
   a. （　）サリーさんは、今「新宿」「成田」「横浜」の漢字を書くことができます。
   b. （　）サリーさんは「東京」「中野」は読むことはできませんが、書くことはできます。
   c. （　）サリーさんは日本へ来たとき、電車や地下鉄のアナウンスはぜんぜんわかりませんでしたが、今では、だいたいわかるようになりました。
   d. （　）サリーさんは、なっとうとうなぎはにおいがいやだから、食べられません。
   e. （　）ロンさんは、なっとうもうなぎもすしも好きです。
   f. （　）たぶん、ロンさんはタイのカレーは好きですが、友子さんはあまり好きではないでしょう。
   g. （　）友子さんは日本のカレーはからくないから好きです。
   h. （　）サリーさんとロンさんと友子さんは、サリーさんの家ですしを作って食べました。
   つく

□話しましょう

1. あなたはどの駅の漢字が読めますか。
2. あなたは日本で何が食べられませんか。なぜですか。

□書きましょう

1. あなたはどの駅の漢字が書けますか。書いてください。
2. あなたは日本でまだ何ができませんか。日本で何ができるようになりましたか。

WRITING
[KANJI]

読み方を覚えましょう（かた）

座る（すわる）: to sit down

働く（はたらく）: to work

最近（さいきん）: recently, lately

地下鉄（ちかてつ）: subway

新宿（しんじゅく）: Shinjuku

遠い（とおい）: far

新しい漢字（かんじ）

99

ことば	れんしゅう	入

1 入れる

2 入る

くん：いる・いれる・はいる

おん：にゅう

いみ: to enter, to go into, to put in

かきじゅん: ノ 入

1 to put into
2 to enter

100

ことば	れんしゅう	名

1 名前（なまえ）

くん：な

おん：めい

いみ: a name

かきじゅん: ク タ 夕 名

1 a name

101

ことば	れんしゅう	田

1 田中さん（たなか）・山田さん（やまだ）

くん：た・だ

いみ: rice field

かきじゅん: 一 冂 冊 田 田

1 Mr./Ms. Tanaka
2 Mr./Ms. Yamada

73

102 — 早

ことば	れんしゅう	早	
1 早い はや 2 早く はや	早 早	くん	おん
		はや（い）	
		いみ	
		early	
		かきじゅん	
	早	一	
		口	
		日	
		日	
		旦	

1 early
2 early, quickly

103 — 朝

ことば	れんしゅう	朝	
1 朝 あさ 2 朝ご飯 あさ　はん 3 毎朝 まいあさ	朝 朝	くん	おん
		あさ	
		いみ	
		morning	
		かきじゅん	
	朝	吉 一	
	朝	直 十	
		卓 古	
		朝 吉	
		朝 吉	

1 morning
2 a breakfast
3 every morning

104 — 運

ことば	れんしゅう	運	
1 運ぶ はこ	運 運	くん	おん
		はこ（ぶ）	うん
		いみ	
		to carry	
		かきじゅん	
	運	冐 丶	
	運	冒 宀	
		冒 冂	
		軍 冂	
		軍 冐	

1 to bring

105 — 転

ことば	れんしゅう	転	
1 運転する うんてん	転 転	くん	おん
			てん
		いみ	
		to roll	
		かきじゅん	
	転	車 一	
		車 一	
		車 百	
		転 百	
		転 旦	

1 to drive

106 — 近

ことば	れんしゅう	近	
1 近い ちか 2 近く ちか	近 近	くん	おん
		ちか（い）	きん
		いみ	
		near, close	
		かきじゅん	
	近	丶	
	近	厂	
		斤	
		斤	
		沂	

1 near
2 near

WRITING

書く練習

一、□さんは、□に□ります。

二、ここに□を□いてください。

三、□さんは、□く起きて、

四、□まで□を□します。

五、空港まで□い荷物を□びます。

六、□に□ご飯を□べます。

七、□を□するのが好きです。

八、この□の□は□ですか。

九、次の□は□の□は□いです。

十、□□く起きられませんでした。

読む練習

一、東京の地下鉄は便利です。

二、山田さんは大使館で働いています。

三、田中さんは図書館の近くの会社で仕事しています。

四、毎朝、新宿駅で電車に乗ります。

五、最近、山川さんは朝早く車を運転して会社に行きます。

六、わたしの家から、駅は遠いですが、大学は近いです。

七、どうぞ中に入って、座って待っていてください。

八、わたしは地下鉄の駅の名前が読めません。

九、毎朝、コーヒーを飲みます。

十、山田先生は車が運転できません。

LESSON 14 第十四課
だい か

LISTENING AND SPEAKING

Objectives

Making comparisons
Making arrangements

Points

- explaining
- making choices
- suggesting what someone should do

Sentences

1 （わたしは）昼ご飯を食べに行きます。
　　　　　　ひる　はん

2 アメリカはオーストラリアより大きいです。でも、アメリカはカナダほど大きくありません。

3 土曜日と日曜日と、どちら（のほう）がひまですか。
　ど よう び　にちよう び
　　　　土曜日のほうが（日曜日より）ひまです。
　　　　ど よう び　　　　にちよう び

4 飲み物の中で、何が一番好きですか。
　の　もの
　　　　（飲み物の中で）、紅茶が一番好きです。
　　　　の　もの　　　こうちゃ

5 （あなたは）薬を飲んだほうがいいです。

6 （わたしが）かぜを引いたので、（わたしは）クラスを休みます。
　　　　　　　ひ

Expressions

1　どうしましたか。　　What's the matter?　　（ドリルⅤ）

2　お大事に。　　　　Please take care.　　（ドリルⅤ）

フォーメーション

1　Indicating the purpose of going, coming, or returning

例）行く：すしを食べる　→　（わたしは）すしを食べに行きます。

　　1) 帰る：かさを取る　→

　　2) 行く：友だちに会う　→

　　3) 行った：本を買う　→

　　4) 大学に来た：レポートを出す　→

　　5) 食堂に行く：昼ご飯を食べる　→

2-1　Making comparisons

例）アメリカ、オーストラリア、大きい　→　アメリカはオーストラリアより大きいです。

　　1) 手紙、電話、安い　→

　　2) 自転車、バス、便利　→

　　3) リーさん、わたし、よく勉強する　→

　　4) 東京、香港、人口が多い　→

　　5) 中国、日本、人口がずっと多い　→

2-2

例）アメリカ、カナダ、大きい　→　アメリカはカナダほど大きくありません。

　　1) 7月、8月、暑い　→

　　2) バス、地下鉄、便利　→

　　3) （わたし）、リーさん、早く起きられる　→

　　4) 吉祥寺、新宿、にぎやか　→

　　5) 月曜日、金曜日、都合がいい　→

3 Asking for comparisons

例）土曜日、日曜日、（あなた）、ひま
　　→　土曜日と日曜日と、（あなたは）どちら（のほう）がひまですか。
　　　　（わたしは）土曜日のほうが（日曜日より）ひまです。

1) 漢字、ひらがな、やさしい　→
2) ステーキ、さしみ、（あなた）、好き　→
3) 香港、東京、人口が多い　→
4) バス、自転車、速い　→

4 The ~est

例）飲み物、何、好き：紅茶
　　→　飲み物の中で、何が一番好きですか。
　　　　（飲み物の中で）、紅茶が一番好きです。

すし、てんぷら、すきやき、どれ、好き：てんぷら

　　→　すしとてんぷらとすきやきの中で、どれが一番好きですか。
　　　　（すしとてんぷらとすきやきの中で）、てんぷらが一番好きです。

1) 乗り物、何、便利：バス　→
2) 7月、8月、9月、何月、暑い：8月　→
3) このクラスの学生、だれ、早く来る：○○さん　→
4) 火曜日、木曜日、土曜日、何曜日、時間がある：木曜日　→

5 Giving advice

例）薬を飲みます　→　薬を飲んだほうがいいです。
　　薬を飲みません　→　薬を飲まないほうがいいです。

1) あしたクラスを休みます　→
2) きょうは早く寝ます　→
3) あの店で買いません　→
4) 夜おそく電話しません　→

6 Explanations

例）（わたしは）かぜを引きました：（わたしは）クラスを休みます
　　→　（わたしが）かぜを引いたので、（わたしは）クラスを休みます。

1) 店が休みでした：（わたしは）何も買えませんでした　→
2) （バスより）自転車のほうが便利です：（わたしは）自転車で大学に行きます　→

3）（わたしは）ねつが高いです：（わたしは）薬を飲みます　→

4）（わたしは）アイスクリームをたくさん食べました：（わたしは）おなかが痛くな
りました　→

ドリル

I-1　Making comparisons

A：<u>A</u>と<u>B</u>と、どちら（のほう）が<u>大きい</u>ですか。

B：<u>A</u>のほうが<u>大きい</u>です。

例）

タクシー	540 円
バス	180 円

新幹線 しんかんせん	2hrs.	8000 円
電車	6hrs.	2500 円

S 席	12000 円
B 席	4000 円

東京	10,000,000 人
札幌 さっぽろ	1,000,000 人

I-2　Making comparisons

A：<u>新町</u>と<u>北町</u>と、どちら（のほう）が<u>広い</u>ですか。

B：<u>新町</u>のほうが<u>広い</u>です。　　　B：同じくらいです。

人口が多い／少ない

I-3　Making comparisons

A：<u>6 つの町</u>の中で、どこが一番<u>広い</u>ですか。

B：<u>新町</u>が一番広いです。

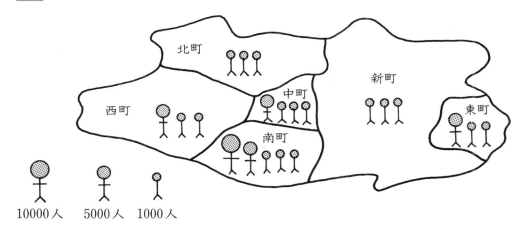

10000人　5000人　1000人

II-1 Expressing preferences

A：飲み物の中で、何が一番好きですか。

B：コーヒーが一番好きです。

好き	飲み物：	コーヒー　紅茶　コーラ　ビール　水
好き	食べ物：	肉　魚　やさい　くだもの
便利	乗り物：	飛行機　電車　自転車　バス　タクシー　地下鉄
高い	くだもの：	いちご　りんご　みかん　パイナップル　バナナ
好き	色：	赤　白　黄色　黒　青　みどり

II-2

A：コーヒーと紅茶と、どちら（のほう）がいいですか。

B：コーヒーにします。

☆ドリルII-1の言葉を使ってください。

III Making comparisons

A：西町は北町より広いですか。

B：ええ、広いです。でも、新町ほど広くありません。

人口が多い		速い		高い		安い	
西町	8000人	電車	100km/h	ホームステイ	3万円/月	りんご	300円
北町	5000人	バス	60km/h	寮	1万円/月	いちご	500円
新町	9000人	新幹線	120km/h	アパート	4万円/月	バナナ	250円

IV Explaining

A：Bさん、旅行に行かなかったんですか。

B：ええ、雨が降ったので、行けなかったんです。

友だちに会う	用事があった
コンピュータを買う	お金がなかった
寝る	レポートを書いていた
宿題を出す	病気で休んだ

V Describing physical conditions / Giving advice

先生：どうしましたか。

学生：<u>頭 が痛い</u>んです。
　　　あたま

先生：だいじょうぶですか。

　　　<u>薬を飲んで休んだほうがいい</u>ですよ。

　　　それに、<u>おふろに入ら</u>ないほうがいいですよ。

学生：はい。

先生：じゃ、お大事に。

おなかが痛い のどが痛い 気持ちが悪い 　　　わる 歯が痛い は ねつがある	Give your own advice.

CARD A

I Arranging to go out

You ask a friend to go out for a meal this weekend. Arrange the place and discuss what you both want to eat.

CARD B

I Arranging to go out

You are asked to go out for a meal this weekend. State your preferences concerning the day, place, and what you want to eat.

CARD A

II At the dormitory

Your roommate looks sick. Ask some questions and offer advice about what he/she should or should not do.

CARD B

II At the dormitory

You are sick. Explain your condition to your roommate.

CARD A

III Comparing your hometown to Tokyo

You came to Tokyo to study Japanese. Talk to the class about your impressions of Tokyo compared to your hometown.

GRAMMAR NOTES

....

1. Purpose in coming and going

....

V-ます stem に	行く	to go in order to V
	来る	to come in order to V
	帰る	to return in order to V

Japanese has a purpose construction in which a sentence is used with a verb of motion, most often 行く 'go', 来る 'come', or 帰る 'return'. The verb of the sentence appears with the -ます stem, which functions as a nominal (or a noun-like word). (See L3 GN1, Vol. 1.)

わたしは昼ご飯を食べに行きます。
I'm going out to have lunch.

新宿へ映画を見に行きました。
I went to Shinjuku to see a movie.

If the verb is a する compound (N＋する), the -ます stem し is optional. When し is deleted, the particle を must be deleted, too.

ジョンさんはうちにせんたくをしに帰ります。
John goes home to do the laundry.
ジョンさんはうちにせんたくに帰ります。

ケビンさんは日本に勉強をしに来ました。
Kevin came to Japan to study.
ケビンさんは日本に勉強に来ました。

2. Comparative constructions

1) Comparing two things

N₁ は N₂ より   Adj-い
                      AN だ
                      N だ
                      (Adv) V-る
	N₁ is more Adj than N₂
	N₁ is more N than N₂
	N₁ V Adv-er than N₂

In English, comparison is shown by adding the suffix -er or a word like 'more' or 'as' to an adjective or adverb: bigger, as big; more convenient, as convenient. In Japanese, adjectives and adverbs lack corresponding suffixes or words, and comparison is usually shown in other ways.

Comparative constructions involve two noun phrases which indicate the things being compared, and a predicate which expresses the dimension of comparison. In one construction, one of the noun phrases (N₂), which is the object of comparison, is followed by the comparative particle より. The other noun phrase (N₁), which is the thing that is to be compared, is the topic of the sentence and appears in sentence initial position.

> アメリカはオーストラリアより大きいです。
> The United States is bigger than Australia.

> 自転車はバスより便利です。
> Bicycles are more convenient than buses.

> リーさんはわたしよりよく勉強します。
> Lee studies more than I do.

Note that some noun phrases, such as 金持ち 'rich person', 勉強家 'hard worker', 早起き 'early riser', etc., which imply characteristics that can be compared among individuals in a certain category, can become the predicate of the construction.

> 松下さんは本田さんより金持ちです。
> Mr. Matsushita is a richer person than Mr. Honda.

2)

N₁ のほうが N₂ より   Adj-い
                        AN だ
                        N だ
                        (Adv) V-る
	N₁ is more Adj than N₂
	N₁ is more N than N₂
	N₁ V Adv-er than N₂

When N₁ is not the topic, it appears as a modifier of the noun ほう, which means something like 'side' or 'direction'. (See GN2.4 below for a related use of ほう.) The word order between 〜のほうが and 〜より is interchangeable.

東京は大阪より広いです。   As for Tokyo, it's bigger than Osaka.
大阪より東京のほうが広いです。   Tokyo is bigger than Osaka.
東京のほうが大阪より広いです。   [Of the two cities,] Tokyo is bigger than Osaka.

As in English, the noun phrase before より may be omitted if understood from context.

東京のほうが広いです。   Tokyo is bigger.

As usual in Japanese, the subject may also be omitted when it is obvious in the context. If both noun phrases are omitted, the comparative meaning must be supplied by the context.

東京は大阪より広いですか。   Is Tokyo bigger than Osaka?
ええ、大阪より広いです。   Yes, it's bigger than Osaka.
ええ、広いです。   Yes, it's bigger.

東京のほうが香港より人口が多いです。
Tokyo has a larger population than Hong Kong.

自転車のほうがバスより便利です。
Bicycles are more convenient than buses.

リーさんのほうがわたしより早起きです。
Lee gets up earlier than I.

アンさんのほうがわたしよりよく勉強します。
Ann studies harder than I.

3) Not so 〜 as 〜

N₁ は N₂ ほど	Adj-くありません
	AN じゃありません
	N じゃありません
	(Adv) V-ません

N₁ is not as Adj as N₂
N₁ does not V as Adv as N₂

A third pattern is used to express a negative comparison, that is, that something is *not* on a par with something else. The predicate is negative, and N₂ precedes the particle ほど, corresponding to the English 'as' or 'to the extent'.

大阪は広いです。でも、大阪は東京ほど広くありません。
Osaka is big. But it is not as big as Tokyo.

富士山は高い。でも、富士山はエベレストほど高くない。
Mt. Fuji is lofty. But it is not as lofty as Mt. Everest.

バスは地下鉄ほど便利じゃありません。
Buses are not as convenient as subways.

わたしはリーさんほど早起きじゃありません。
I'm not as early a riser as Lee.

わたしはリーさんほど早く起きられません。
I cannot get up as early as Lee.

4) Asking for comparisons: 'Which is ～er, A or B?'

N₁ と N₂ とどちら（のほう）が Adj ですか
                            AN ですか
                            N ですか
                            (Adv) V-ますか

Which is more Adj, N₁ or N₂?
Which is more Adv, N₁ or N₂?

東京と大阪とどちら（のほう）が広いですか。
Which is bigger, Tokyo or Osaka?

同じくらいです。
They are about the same.

土曜日と日曜日とどちら（のほう）がひまですか。
On which day do you have more time, Saturday or Sunday?

わたしは土曜日のほうが日曜日よりひまです。
I have more time on Saturday than Sunday.

土曜日のほうがひまです。
I'm freer on Saturday.

These comparative constructions are not limited to adjectival predicates. (Note that adverbs may be omitted when they are obvious.)

日本人はアメリカ人より米を食べます。
アメリカ人より日本人のほうが米を食べます。
Japanese eat more rice than Americans do.

日本人とアメリカ人とどちらが米を食べますか。
日本人とアメリカ人とどちらのほうが米を食べますか。
Of Japanese and Americans, who eat more rice?

3. Superlative constructions

N$_x$の中で、N$_1$が一番　Adj です
AN です
N です
(Adv) V-ます

Among N$_x$, N$_1$ is the best/most Adj

Of all N$_x$, N$_1$ V most Adv

Superlative constructions differ from comparative constructions by involving more than two things in the comparison.

The noun phrase (N$_x$) before の中で may be a list of things connected by と or a noun that refers to a group of things, such as くだもの 'fruits', 食べ物 'foods', 学生 'students', etc., as shown in the following examples. In other words, N$_1$ is a member of N$_x$.

くだものの中で何が一番好きですか。
Among fruits, which one do you like best?

みかんが一番好きです。
I like tangerines best.

バスと電車と自転車の中でどれが一番速いですか。
Of buses, trains, and bicycles, which is the fastest?

電車が一番速いです。
Trains are the fastest.

4. Giving advice: 'It's better to do ~'

V-た　ほうが　いいです
V-ない　ほうが　いいです

It's better to V / You'd better V

It's better not to V / You'd better not V

The Japanese adjective いい 'good' corresponds to the English 'should' or 'had better' when used with a sentence modifying the noun ほう. (See GN2.2 above for the use of ほう in comparatives, and L17 GN1&2 for a related use of いい.) The verb of the sentence is either in the plain past or plain non-past negative.

少し休んだほうがいいです。
You should rest a little (right now). / You'd better rest a little.

休まないほうがいいです。
You shouldn't rest. / You'd better not rest.

A plain non-past verb may be used to indicate a general statement, in contrast to a past verb or a non-past negative verb, which refer to specific cases. Hence the past form is a stronger way of making a suggestion than the non-past form.

漢字は毎日練習するほうがいい。
かんじ　まいにちれんしゅう
It's better to practice kanji every day.

漢字は毎日練習したほうがいい。
かんじ　まいにちれんしゅう
You should practice kanji every day. / You'd better practice kanji every day.

Note that past negative verbs cannot be used in this expression.

5. Sentence connective (6): Explanation

S₁　ので、　S₂

S₁ is the reason for S₂

Japanese ので often corresponds to the English 'because' or 'as', and is regarded as the connective form of のです 'it's that ～[explanation]' (L8 GN5, Vol. 1). It can be attached to plain or polite forms of any predicate, and is similar in meaning and use to から (L9 GN4, Vol. 1).

S₁ ので basically implies that S₁ is the speaker's explanation for S₂. Unlike から, however, it does not imply a cause and effect relationship between S₁ and S₂. Of the following two examples, the first (with ので) offers an explanation rather than a reason. When making excuses in a polite way, ので is preferred since it implies that the hearer may disagree with the speaker's 'explanation'. から does not have such an implication, and therefore sounds somewhat blunt.

かぜを引いたので、休みました。
ひ　　　　　やす
Having caught a cold is my explanation for my absence. (I was absent because I caught a cold.)

かぜを引いたから、休みました。
ひ　　　　　やす
I caught a cold, so I was absent.

Also, ので cannot be used if the main sentence (S₂) is a command or an expression of the speaker's volition. Neither can it be used if S₁ is a vague conjecture (cf. から in L9 GN4, Vol. 1).

READING

「６００円のりんご」／A ¥600 Apple

　昼ご飯を食べながら、留学生が自分の国の食べ物の話をしました。

ドイツ人：　　　　ソーセージは、フランスよりドイツのほうが
　　　　　　　　　ずっとおいしいです。

フランス人：　　　でも、チーズは、ドイツよりフランスのほう
　　　　　　　　　が安くておいしいです。

アメリカ人：　　　ピザは、日本よりアメリカのほうがおいしい
　　　　　　　　　ですよ。

イタリア人：　　　でも、ピザは、イタリアが一番です。魚もお
　　　　　　　　　いしいですよ。

中国人：　　　　　日本の中国料理は、中国の料理とはぜんぜん
　　　　　　　　　ちがいますね。ぜひ、わたしの国へおいしい
　　　　　　　　　中国料理を食べに来てください。

韓国人：　　　　　韓国料理も同じです。日本のキムチは、ぜん
　　　　　　　　　ぜんからくありません。

アメリカ人：　　　肉は、アメリカのほうが日本より安くておい
　　　　　　　　　しいですよ。

インドネシア人：日本は、やさいやくだものも高いですね。こ

のあいだ、スーパーで１つ600円のりんごを
見ましたよ。

タイ人：　　　　　600円？　信じられないですね。私のＴシャ
ツより高いですよ。

ソーセージ	N	sausage			
フランス	N	pn: France	イタリア	N	pn: Italy
ドイツ	N	pn: Germany	キムチ	N	kimchee (Korean pickles)
チーズ	N	cheese	インドネシア	N	pn: Indonesia
ピザ	N	pizza	このあいだ		the other day

□**読む前に**

あなたの国にはどんな食べ物がありますか。

□**質問**
しつもん

1. くらべてみましょう。

例 ソーセージ：　　ドイツ　　＞　　フランス　　（おいしい）☆
　　a. チーズ　　：　　　　　＞　　　　　　（　　　）
　　b. ピザ　　：　　　　　＞　　　　　　（　　　）
　　c. 中国料理　：　　　　　＞　　　　　　（　　　）
　　d. キムチ　　：　　　　　＞　　　　　　（　　　）
　　e. 肉　　：　　　　　＞　　　　　　（　　　）
　　　　にく
　　f. やさいやくだもの：　　　＞　　　　　　（　　　）

☆ソーセージはドイツのほうがフランスよりおいしいです。

2. 日本のＴシャツとタイのりんごとどちらが高いですか。

□**話しましょう**

1. あなたの国の物をクラスへ持って来てください。そして、みんなに説明(explain)して
　　　　　　もの　　　　　　　　　　　　　　　　　　　　　　　　　　せつめい
　　ください。

2. あなたの国では、600円で何が買えますか。

□**書きましょう**

1. テキストの留学生の意見にさんせい(agree)ですか。はんたい(disagree)ですか。あな
　　　　　りゅう　　　い
　　たの国はどうですか。くらべてみましょう。

WRITING
[KANJI]

痛い （いたい）: painful, to hurt

若い （わかい）: young

席 （せき）: seat

信じる （しんじる）: to believe

一番 （いちばん）: the most, the first

飛行機 （ひこうき）: airplane

薬 （くすり）: medicine

新しい漢字
かんじ

		107 東
ことば	れんしゅう	東
東 1 ひがし	東 東	くん：ひがし／おん：とう
		いみ
		the east
		かきじゅん
		車 東 東 一 厂 厄 戸 亘
1 east		

		108 西
ことば	れんしゅう	西
西 1 にし	西 西	くん：にし／おん
		いみ
		the west
		かきじゅん
		西 一 一 一 两 西
1 west		

		109 南
ことば	れんしゅう	南
南 1 みなみ	南 南	くん：みなみ／おん
		いみ
		the south
		かきじゅん
		南 南 南 南 一 十 市 内 内
1 south		

ことば	れんしゅう	北		
北 きた	北 北	くん	おん	
		きた		
		いみ		
			the north	
		かきじゅん		
				ー
				十
				北
				北
1 north				北

ことば	れんしゅう	広		
広い ひろ	広 広	くん	おん	
		ひろ（い）		
		いみ		
			spacious, wide	
		かきじゅん		
				、
				亠
				广
				広
1 wide, spacious				広

ことば	れんしゅう	同		
同じ おな	同 同	くん	おん	
		おな（じ）		
		いみ		
			the same	
		かきじゅん		
		同		丨
				冂
				冂
				同
1 same				同

WRITING

LESSON 14

第一四課

ことば	れんしゅう	町		
1 町 まち 2 東町 ひがしまち 3 北町 きたまち	町 町	くん	おん	
		まち		
		いみ		
			a town	
		かきじゅん		
		田		一
		町		冂
				冂
				田
1 a town 2 East Town 3 North Town				田

ことば	れんしゅう	京		
1 東京 とうきょう 2 東京駅 とうきょうえき	京 京	くん	おん	
			きょう	
		いみ		
			a capital	
		かきじゅん		
		亨		、
		京		亠
		京		广
				宁
1 Tokyo 2 Tokyo Station				古

書く練習（れんしゅう）

一、□（ひがし）に □（ひろ）い公園があります。

二、□（きた）に □（としょかん）があります。

三、□（にし）に □（ぎんこう）があります。

四、□（えき）の □（みなみ）にデパートがあります。

五、□（ひがしまち）は □（きたまち）より □（ひろ）いですか。

六、いいえ □（おな）じくらいです。

七、□（とうきょうえき）で □（でんわ）してください。

八、この □（まち）よりあの □（まち）のほうが □（ちい）さいです。

九、□（やまだ）さんの部屋は □（ひろ）くて □（あたら）しいです。

十、□（たなか）さんと □（やまかわ）さんは □（おな）じ □（まち）に □（す）んでいます。

読む練習（れんしゅう）

一、どの町が一番広いですか。

二、頭（あたま）が痛いので薬を飲みました。

三、電車に乗って席に座りました。

四、田中さんは若いです。

五、飛行機は船より速いです。

六、東町は、北町と同じくらい広いです。

七、大学の南に公園があります。

八、東京駅の西に大きい郵便局（ゆう）があります。

九、あなたは何を信じていますか。

十、飛行機に乗る時は、いつも薬を飲みます。

LISTENING AND SPEAKING

Objectives

Discussing arrangements

Points

- inquiring about someone's previous experiences
- inviting
- telling about plans

Sentences

1 （わたしは）毎日大学まで自転車に乗っていきます。
じ てんしゃ

2 （わたしは）歌舞伎を見てみます。
か ぶ き

3 （あなたは）この漢字を見たことがありますか。
かん じ

   はい／ええ、（わたしはその漢字を）見たことがあります。
   かん じ

   いいえ、（わたしはその漢字を）　見たこと　$\begin{bmatrix} が \\ は \end{bmatrix}$ ありません。
   かん じ

4 （わたしは）きょうは食堂で食べるつもりです。

フォーメーション

1-1 Coming and going

例) 走る　→　走っていく　→　走っていきます
　　　　　　→　走ってくる　→　走ってきます

1) 食べる　　　　→
　　　　　　　　　→

4) 買う　　　　　→
　　　　　　　　　→

2) かさを持つ　→
　　　　　　　　　→

5) 予習する　　→
　　よしゅう
　　　　　　　　　→

3) 乗る　　　　　→
　　　　　　　　　→

1-2

例) 青いコートを着る　　→　（わたしは）青いコートを着て ［ いきます。／ きます。 ］
　　あお　　　　　　　　　　　　　　　　　　あお

1) 会社、電車に乗る　　→

3) 図書館、本を借りる　　　　→
　　　　　　　　　か

2) 郵便局、手紙を出す→
　　ゆうびんきょく　てがみ

4) パーティー、ケーキを買う　→

2-1 Try doing something and see

例) 食べる　→　食べてみる　→　食べてみます

1) 聞く　　　→

4) 話す　　　　　→

2) 買う　　　→

5) 着る　　　　　→

3) 調べる　→

6) 電話をかける　→

2-2

例) 着物　、着る　→　（わたしは）着物を着てみます。

1) 浅草、行く　→
　　あさくさ

2) うち、電話、かける　→

3) 電車の時間、調べる　→

4) （お）さしみ、食べる　→

3 A past experience

例）　この漢字を見る　→　（あなたは）この漢字を見たことがありますか。

　　　　　　　　　　はい／ええ、（わたしはその漢字を）見たことがあります。

　　　　　　　　　　いいえ、（わたしはその漢字を）見たこと $\begin{bmatrix} が \\ は \end{bmatrix}$ ありません。

1)　日本料理を食べる　　→

2)　外国を旅行する　　　→

3)　京都へ行く　　　　　→

4)　この名前を聞く　　　→

5)　新幹線に乗る　　　　→

4 Intentions

例）　（わたしは）きょうは食堂で食べます

　　→　　（わたしは）きょうは食堂で食べるつもりです。

1)　（わたしは）来週までにレポートを書きます　→

2)　（わたしは）来月アパートにひっこします　→

3)　（わたしは）ことしの冬休みはどこへも行きません　→

4)　（わたしが）日本にいるあいだ、（わたしは）英語は使いません　→

5)　（わたしは）これからプールへ行って泳ぎます　→

ドリル

Ⅰ Talking about past experiences

A：歌舞伎を見たことがありますか。
　　かぶき

B：⎰ はい、⎱ 見たことがあります。　　　B：いいえ、見たこと ⎰ は ⎱ ありません。
　　⎱ ええ、⎰ 　　　　　　　　　　　　　　　　　　　　　　　⎱ が ⎰

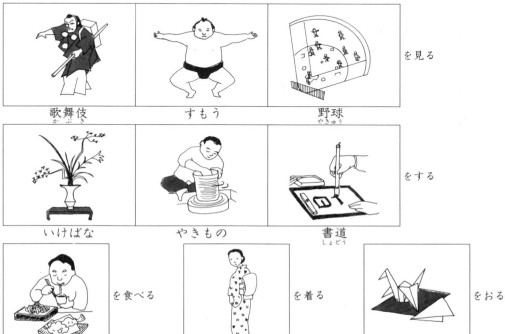

歌舞伎 かぶき	すもう	野球 やきゅう	を見る
いけばな	やきもの	書道 しょどう	をする

 を食べる　　 を着る　　 をおる

日本料理　　　　　着物　　　　　おり紙
にほんりょうり　　　　　　　　　　　がみ

　 を習う
　　　　　　　　　なら

お茶　　　空手
ちゃ　　　からて

　　　　　　　 に行く

京都　　　　浅草　　　東京ディズニーランド
きょうと　　あさくさ

Ⅱ　Planning to do something together

A：東京ディズニーランドに行ったことがありますか。

B：いいえ。行ってみたいんですが、まだ行ったことがありません。

A：じゃ、いっしょに行ってみませんか。

B：いいですね。ぜひ行きましょう。

☆　Ⅰの言葉を使ってください。

（excluding 日本料理を食べる、着物を着る、おり紙をおる）

Ⅲ　Expressing intentions

A：冬休みはどうしますか。国へ帰りますか。

B：はい、帰るつもりです。　　　B：いいえ、帰らないつもりです。

夏休み	アルバイトをします
春休み	旅行をします
秋休み	歌舞伎を見に行きます
今度の週末	友だちに会います

Ⅳ　Planning for a party

A：きょう、中村さんのうちでパーティーがありますね。わたしは友だちを連れていくつもりです。

B：そうですか。じゃ、わたしはボーイフレンド／ガールフレンドを連れていきます。

デザートを持つ	ケーキを作る
花を持つ	ビールを買う

CARD A

I Planning to do something together

Ask B if B has done something before (e.g., seen Sumo, attended a baseball game, gone to Disneyland, seen a certain movie). Ask B to join you in some activity and arrange the meeting time and place.

CARD B

I-1 Planning to do something together

You are asked if you have done a certain activity before, and if you want to try it sometime with A. Accept and decide the meeting time and place.

CARD B

I-2 Planning to do something together

You are asked if you have done a certain activity before, and if you want to try it sometime with A. The suggested time does not suit you and you propose an alternative time.

CARD A

II Deciding when to do something

Invite B to do something with you and arrange a convenient time.

CARD B

II Deciding when to do something

You are asked to do something with A. But you are not free the day A suggests. Give the reason and offer an alternative time.

LISTENING
AND
SPEAKING

LESSON

15

第一五課

GRAMMAR NOTES

1. Coming and going: -いく／くる

Though the verbs 行く／来る are used as main verbs in Lesson 3 of Volume 1, they are used as auxiliary verbs in this lesson.

1)

V-ていく

V and then go

The verb 行く, unlike 'go' in English, always perceives physical movement from the speaker's standpoint. It denotes movement which is headed away from the speaker. The destination of the movement may be specified in the sentence or implied through the context.

The compound verb V-ていく expresses two kinds of situations, as follows:

(1) The subject (the doer) does the action V and then goes to his destination.

クラスに予習していきます。
I will prepare for the day's lesson and then go to class.

わたしは毎日朝ご飯を食べていきます。
Everyday I eat breakfast and then go.

学生のとき、毎朝学校に朝ご飯を食べていきました。
When I was a student, every morning I ate breakfast and then went to school.

パーティーにケーキを買っていきます。
I will buy some cake (on the way) and then go to the party with it.

郵便局で手紙を出していきます。
I will mail a letter at the post office and then go.

(2) The subject (the doer) goes to his destination while doing V or by means of V-ing.

きょうはかさを持っていきます。
Today I will go carrying my umbrella with me. (Today I will take my umbrella with me.)

会社へ電車に乗っていきます。
I go to the company by getting on the train. (I go to the company by train.)

2)

| V-てくる | V and then come |

The verb 来る denotes movement that is headed toward where the speaker is. The destination of the movement may be specified in the sentence or implied through the context.

The compound verb V-てくる expresses two situations similar to V-ていく, with the basic difference being that the direction of movement is opposite.

(1) The subject (doer) does the action V and then comes to his destination.

あしたは予習してきてください。
Tomorrow please prepare for the lesson and then come.

朝ご飯は食べてきました。
As for breakfast, I ate it and then came.

図書館で本を借りてきます。
I will go to the library and borrow books there, and then will come back. (I will go and borrow books at the library.)

スミスさんは郵便局で切手を買ってきました。
Mr. Smith went to the post office and bought stamps there, and then came back. (Mr. Smith went and bought stamps at the post office.)

(2) The subject (doer) comes to his destination while doing V or in the manner of doing V.

リーさんは青いコートを着てきました。
Mr. Lee came with his blue coat on. (Mr. Lee came in his blue coat.)

辞書を持ってきてください。
Please come with a dictionary. (Please bring a dictionary.)

2. Try doing something and see: -みる

| V-てみる | try V-ing and see |

In Lesson 3 of Volume 1, the verb 見る 'to see, look' is used as a main verb. In this lesson, it is used as an auxiliary verb preceded by a verb in the -て form. The auxiliary verb みる carries the meaning of trying to do something and seeing the result or how it turns out.

着物を着てみます。
I will put a kimono on and see (what it is like).

うちに電話をかけてみます。
I will call home and see (if someone is there).

（お）さしみを食べてみました。おいしかったです。
I ate sashimi and saw (how it was). It was delicious.
(I ate sashimi and found it was delicious.)

3. Past experiences

| V-たことがある | has had the experience of V-ing / there was a time when |

This pattern denotes one's past experience: if one has had the experience of doing something, use the predicate V-たことがある; if not, use its corresponding negative form of V-たことがない or V-たことはない. See L10 GN4, Vol. 1 for the plain past form of verbs.

この漢字を見たことがありますか。
Have you seen this kanji before?

はい／ええ、見たことがあります。　Yes, I have.
いいえ、見たこと〔が / は〕ありません。　No, I haven't.

わたしはこの名前を聞いたことがあります。
I have heard this name before.

4. Intentions

| V-る　　つもりだ | intends to V |
| V-ない | intends not to V |

This pattern denotes one's intentions. The noun つもり is a dependent noun with the literal meaning of 'intentions'. It must be preceded by either the plain non-past affirmative (V-る) form or the plain non-past negative form (V-ない). (For these two forms, V-る and V-ない, see L8 GN4, Vol. 1.) The predicate V-るつもりだ corresponds to the English 'intend to do something', and the predicate V-ないつもりだ to 'intend not to do something'.

GRAMMAR
NOTES

LESSON

15

第一五課

きょうは食堂で食べるつもりです。

Today, I intend to eat in the (student) dining hall (cafeteria).

ことしの冬休みはどこへも行かないつもりです。

As for winter vacation this year, I intend not to go anywhere.

マリーさんはこれからプールに行って泳ぐつもりです。

Mary intends to go to the swimming pool now and to swim there.
(Mary intends to go and swim in the pool.)

Usage Notes

● <u>N</u> ならいいです。　　If N, it is O.K.

The expression is used to denote that one agrees to a proposal or a condition which
is expressed by N.

A：来週の月曜日に、いっしょにすもうを見に行きませんか。
Wouldn't you go and (How about going to) see SUMO together with me next
Monday?

B：すみません。月曜日は用事があって…<u>火曜日ならいいです</u>が。
I'm sorry. I have something to do on Monday. <u>If it were Tuesday, I'd be O.K.</u>

A：じゃ、火曜日にしましょう。
Well then, let's make it Tuesday.

READING

パメラさんの作文 / Pamela's Essay

京都旅行

　日本へ来て、半年になりました。東京では、いろいろなところに行きましたが、まだほかの都市には行ったことがありません。新幹線にも乗ったことがありません。

　来週から冬休みです。わたしのせんこうは日本美術ですから、京都へ行きたいです。新幹線で行こうと思います。新幹線の「のぞみ」は「ひかり」より速いですが、「ひかり」のほうが「のぞみ」よりやすいです。だから、「ひかり」に乗るつもりです。

　京都では金閣寺や銀閣寺を見てみたいですが、美術館にも行ってみたいです。

　京都にはひとりで行くつもりです。京都の人と話して、京都のことばも覚えたいと思います。

おいでやす

おおきに

かんにんどすえ

半年（はんとし）	N	half a year
いろいろ	AN	various
ほか	N	other, another
美術（びじゅつ）	N	art
のぞみ、ひかり	N	names of the Shinkansen Lines
金閣寺（きんかくじ）	N	pn: Kinkakuji (name of a temple)
銀閣寺（ぎんかくじ）	N	pn: Ginkakuji (name of a temple)
おいでやす	Exp	［Kyoto dialect］welcome to 〜 ＝いらっしゃい
おおきに	Exp	［Kyoto dialect］＝ありがとう
かんにん（どす）え	Exp	［Kyoto dialect］＝ごめんなさい、すみません

□ **読む前に**

京都に行ったことがありますか。

□ **質問**
しつもん

1. Write T (true), F (false) or ? (don't know).

    a.　（　　）パメラさんは６か月前に日本へ来ました。

    b.　（　　）パメラさんは東京に住んでいます。

    c.　（　　）パメラさんは京都へ初めて行きます。

    d.　（　　）パメラさんは北海道へ行ったことがあります。
                ほっかいどう

    e.　（　　）パメラさんは新幹線は高いから、新幹線には乗りません。

    f.　（　　）パメラさんは京都で金閣寺や銀閣寺には行かないつもりです。

2. パメラさんは、なぜ京都へひとりで行くつもりですか。

□ **話しましょう**

1. 新幹線に乗ったことがありますか。「のぞみ」と「ひかり」と「こだま」の中で、どれ
　が一番速いですか。どれが一番高いですか。

2. 京都の地図で、京都駅、金閣寺、銀閣寺を見つけましょう（find）。あなたはどこへ行き
　たいですか。

3. 京都の言葉を知っていますか。日本人に聞いてみましょう。
　　　ことば　し

□ **書きましょう**

1. 旅行のプラン（a plan）を書きましょう。

WRITING
[KANJI]

読み方を覚えましょう<small>（かた）</small>

連れて行く（つれていく）／連れて来る（つれてくる）: to go out with, take someone with

調べる（しらべる）: to examine, investigate

新幹線（しんかんせん）: Shinkansen Lines （Japan Railways' superexpress lines）

都市（とし）: city　　美術（びじゅつ）: art, fine arts

新しい漢字<small>（かんじ）</small>

115

ことば	れんしゅう	春
1 はる 2 はるやすみ 春・春休み	春 春	くん／おん はる
		いみ
		spring
		かきじゅん
1 spring 2 the spring vacation		一 二 三 夫 夫 （春 春 春 春）

116

ことば	れんしゅう	夏
1 なつ 2 なつやすみ 夏・夏休み	夏 夏	くん／おん なつ
		いみ
		summer
		かきじゅん
1 summer 2 the summer vacation		一 一 厂 両 頁 （百 百 頁 夏 夏）

117

ことば	れんしゅう	秋
1 あき 2 あきやすみ 秋・秋休み	秋 秋	くん／おん あき
		いみ
		autumn, fall
		かきじゅん
1 autumn 2 the autumn vacation		一 二 千 禾 禾 （秒 秒 秋 秋）

冬 — くん ふゆ ／ おん

いみ: winter

ことば: 1 ふゆ 冬・2 ふゆやすみ 冬休み

かきじゅん: ノ ク 夂 冬 冬

1 winter
2 the winter vacation

旅 — くん ／ おん りょ

いみ: a journey, a trip

ことば: 1 りょこう 旅行する

かきじゅん: 丶 亠 方 扩 旅 ／ 扩 扩 扩 旅

1 to travel

族 — くん ／ おん ぞく

いみ: family

ことば: 1 かぞく 家族

かきじゅん: 丶 亠 宁 扩 族 ／ 扩 扩 扩 族

1 a family

家 — くん いえ ／ おん か

いみ: a house, family

ことば: 1 いえ 家・2 かぞく 家族

かきじゅん: 丶 宀 宀 宀 宀 宁 宇 宇 家 家

1 a house
2 a family

物 — くん もの ／ おん ぶつ・もつ

いみ: a thing (concrete)

ことば: 1 もの 物・2 た 食べ物・3 の 飲み物・4 か 買い物・5 きもの 着物

かきじゅん: 牜 物 物 物 ノ 丄 牛 牛 牛

1 a thing
2 food
3 a drink
4 shopping
5 clothes, clothing, a kimono

一、□（なつやす）みの予定を教（おし）えてください。

二、□（なつ）は暑い。□（ふゆ）は寒い。

三、□（あき）に□（かぞく）で□（りょこう）します。

四、わたしの□（いえ）は、□（だいがく）の□（ちか）くにあります。

五、□（ときどき）□（きもの）を□（き）ます。

六、スーパーで□（かぞく）の□（の）み□（もの）を□（か）いました。

七、わたしの□（かぞく）は□（ごにんかぞく）です。

八、□（はるやす）みにたくさん□（かもの）をしました。

九、わたしは、□（にほん）の□（た）べ□（もの）が好きです。

十、飛行機の□（りょこう）より、船の□（りょこう）が好きです。

一、美術館に家族を連れて行きます。

二、毎年、春と秋に旅行します。

三、新幹線（かん）の時間を調べました。

四、東京は大きい都市です。

五、夏休みに友だちを連れて帰国する予定です。

六、わたしの専攻（せんこう）は美術です。

七、この町の冬は寒くて雪（ゆき）が多い。

八、毎日、家族に電話します。

九、色々（いろいろ）な食べ物を食べて、色々（いろいろ）な飲み物を飲みます。

十、週末に買い物に行きます。

LISTENING AND SPEAKING

Objectives

Describing and explaining about people and things

Points

- asking for information about people and things
- describing and identifying people and things
- family terms

Sentences

1 （わたしは）時計を 3 つも持っています。
　　　　とけい

2 これはきのう（わたしが）新宿で買ったきっぷです。

3 （わたしは）10 時間も寝た<u>け（れ）ど（も）</u>、（わたしは）まだねむいです。

4 わたしの家族：父、母、兄、姉、…

　 田中さんの家族：お父さん、お母さん、お兄さん、お姉さん、…

フォーメーション

1 As many as (number)

例）（わたしは）時計を持っています：3つ→ (わたしは) 時計を3つも持っています。

1) この町にはデパートがあります：5つ　→

2) （わたしは）コーラを飲みました：6本　→

3) （わたしは）友だちを待ちました：1時間　→

4) （わたしは）レポートで寝られませんでした：2日　→

2-1 Review of plain forms: Noun＋です

例）学生です　→　学生だ　　　→　学生じゃない

　　　　　　　　→　学生だった　→　学生じゃなかった

1) 休みです　　　→　　　　　　3) 病気です　　　→

　　　　　　　　→　　　　　　　　　　　　　　→

2) 火曜日です　　→　　　　　　4) 友だちです　　→

　　　　　　　　→　　　　　　　　　　　　　　→

2-2 Adjectival nouns

例）元気です　→　元気だ　　　→　元気じゃない

　　　　　　　　元気だった　→　元気じゃなかった

1) 便利です　　→　　　　　　3) ひまです　　　→

　　　　　　　→　　　　　　　　　　　　　　→

2) 好きです　　→　　　　　　4) とくいです　　→

　　　　　　　→　　　　　　　　　　　　　　→

2-3 Adjectives

例）おいしいです　→　おいしい　　→　おいしくない

　　　　　　　　　→　おいしかった　→　おいしくなかった

1) いいです　　　　→　　　　　　　3) むずかしいです →

　　　　　　　　　→　　　　　　　　　　　　　　　　→

2) ワープロがほしいです　→　　　4) スポーツがしたいです　→

　　　　　　　　　　　→　　　　　　　　　　　　　　　　→

2-4 Verbs

例) 会います → <u>会う</u> → <u>会わ</u>ない
            → <u>会っ</u>た → <u>会わ</u>なかった

  1) 聞きます　　　　　→　　　8) 泳ぎます　　　　　→
  　　　　　　　　　　　　→　　　　　　　　　　　　　　　→

  2) 連れていきます　→　　　9) 遊びます　　　　　→
  　　　　　　　　　　　　　　　　　　　　　　　　　　　　　→

  3) 話します　　　　　→　　　10) 洗います　　　　　→
  　　　　　　　　　　　　→　　　　　　　　　　　　　　　→

  4) 立ちます　　　　　→　　　11) 出かけます　　　　→
  　　　　　　　　　　　　→　　　　　　　　　　　　　　　→

  5) 死にます　　　　　→　　　12) 見ます　　　　　　→
  　　　　　　　　　　　　→　　　　　　　　　　　　　　　→

  6) 読みます　　　　　→　　　13) 来ます　　　　　　→
  　　　　　　　　　　　　→　　　　　　　　　　　　　　　→

  7) 取ります　　　　　→　　　14) します　　　　　　→
  　　　　　　　　　　　　→　　　　　　　　　　　　　　　→

2-5 Noun modifiers (1)

例) わたしたちは今からレストランに行きます

  タイ料理です → わたしたちは今から<u>タイ料理の</u>レストランに行きます。

  1) 安くて、おいしいです →

  2) 友だちが時々行っています →

  3) この近所で一番おいしいです →

  4) わたしは好きです →

3 Although ～

例) (わたしは) 10 時間も寝ました：(わたしは) まだねむいです

  → (わたしは) 10 時間も寝た<u>け(れ)ど(も)</u>、(わたしは) まだねむいです。

  1) きょうは日曜日じゃありません：デパートはこんでいます →

  2) (わたしは) コンサートは好きです：

  　　(わたしは) あまり (コンサートに) 行けません →

  3) そのワープロは高いです：(わたしはそのワープロが) ほしいです →

  4) (わたしは) キムさんに電話をかけました：(キムさんは) いませんでした →

4 Ages

1	いっさい
2	にさい
3	さんさい
4	よんさい
5	ごさい
6	ろくさい
7	ななさい
8	はっさい
9	きゅうさい
10	じゅっさい／じっさい
20	はたち
?	なんさい

Read the following.

1) 1 year old →
2) 7 years old →
3) 19 years old →

4) 4 years old →
5) 20 years old →
6) 58 years old →

LISTENING
AND
SPEAKING

LESSON
16
第一六課

112

5-1 Family terms

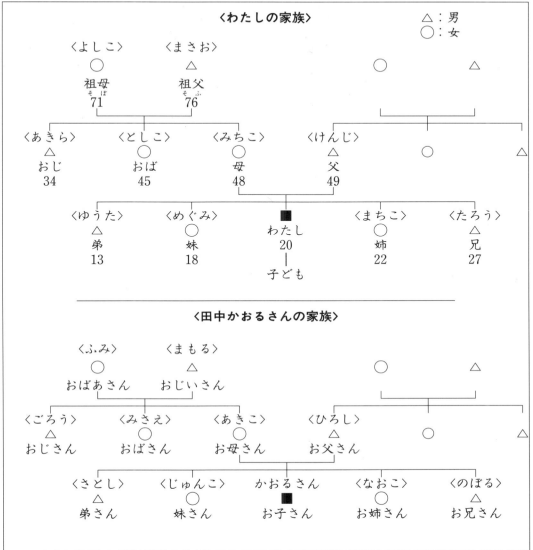

〈わたしの家族〉

△：男
○：女

〈よしこ〉 〈まさお〉
○ △
祖母（そぼ） 祖父（そふ）
71 76

〈あきら〉 〈としこ〉 〈みちこ〉 〈けんじ〉
△ ○ ○ △ ○ △
おじ おば 母 父
34 45 48 49

〈ゆうた〉 〈めぐみ〉 ■ 〈まちこ〉 〈たろう〉
△ ○ わたし ○ △
弟 妹 20 姉 兄
13 18 | 22 27
子ども

〈田中かおるさんの家族〉

〈ふみ〉 〈まもる〉
○ △ ○ △
おばあさん おじいさん

〈ごろう〉 〈みさえ〉 〈あきこ〉 〈ひろし〉
△ ○ ○ △ ○ △
おじさん おばさん お母さん お父さん

〈さとし〉 〈じゅんこ〉 かおるさん 〈なおこ〉 〈のぼる〉
△ ○ ■ ○ △
弟さん 妹さん お子さん お姉さん お兄さん

5-2

例） よしこ → <u>よしこ</u>は（わたしの）<u>祖母（そぼ）</u>で、<u>71</u>さいです。

　　田中ふみさん → <u>田中ふみさんはかおるさんのおばあさん</u>です。

1) としこ →　　　　　6) 田中のぼるさん →

2) 田中あきこさん →　　7) たろう →

3) まさお →　　　　　8) 田中ごろうさん →

4) けんじ →　　　　　9) めぐみ →

5) 田中さとしさん →　　10) まちこ →

ドリル

I Inquiring at the lost-and-found window

A　　：あのう、電車に<u>かばん</u>を忘れたんですが…。

Clerk：どんな<u>かばん</u>ですか。

A　　：<u>黒くて、大きい</u>のです。
　　　　く ろ

── かばん ──	── かさ ──	
新しくて、きれいです	青いビニールです あお	Make up your
茶色で、小さいです ちゃいろ	赤くて、あまり新しくありません あか	own situation.

II Looking around rooms in a building on campus

A：この部屋は？

B：ああ、ここは<u>コピーをする</u>部屋です。

> 今は使っていません
> 学生は入れません
> テープを聞いたりビデオを見たりします
> 学生が200人も入ります

III Making a suggestion

A：ここは友だちがよく行く<u>レストラン</u>です。

　　<u>高い</u>かもしれないけ(れ)ど(も)、<u>ここで食べ</u>てみませんか。

B：ええ。

図書館	その本はない	調べる
美術館	おもしろくない	見る
喫茶店 きっ さ てん	こんでいる	入る

Ⅳ Identifying people

A： <u>クリス</u>さんはどの人ですか。

B： <u>めがねをかけている</u>人です。

Ⅴ Deciding on the ideal person

A： <u>ガールフレンド</u>は、どんな人がいいと思_{おも}いますか。

B： <u>きれいで、心_{こころ}がやさしい</u>人がいいと思_{おも}います。

ボーイフレンド 友だち 先生	ハンサムです
	せが高いです／低いです
	かみが長_{なが}いです／短いです
	金持ちです／びんぼうです
	頭がいいです
	思_{おも}いやりがあります
	ユーモアがあります

LISTENING
AND
SPEAKING

LESSON
16
第一六課

115

CARD A

I   Explaining what happened and describing something you lost

You forgot _____ in the train. Go to the lost-and-found and explain what happened and describe the item.

CARD B

I   Explaining what happened and describing something you lost

You work at the lost-and-found in the station. Help a person who is trying to find something he/she has lost.

CARD A

II   Describing a picture

A classmate shows you a picture. Ask questions about the picture.

CARD B

II   Describing a picture

You show a picture and explain it to a classmate.

GRAMMAR NOTES

1. Noun modifiers

S plain N

N [S]

Plain Forms of Predicates

```
V （-る／-た）
Adj （-い／-かった）
AN （-な／-だった）
N （-の／-だった）
Neg （-ない／-なかった）
```

Note that the non-past affirmative form of AN is AN-な （not AN-だ）, and that of N is N-の （not N-だ）.

We have already learned some of the modifications of nouns in Lessons 1 & 5, Vol. 1.

リーさんの国 （くに）	Mr. Lee's country
静かな部屋 （しず へや）	a quiet room
広い部屋 （ひろ へや）	a spacious room

In addition to these, a sentence can be used to modify a noun. This is called a relative construction, as in English.

［コピーする]部屋 （へや）	the room [that they make copies in]
［せが高い]人 （たか ひと）	the person [who is tall]
［わたしが好きな]人 （す ひと）	the person [whom I like]
［お父さんがアメリカ人の]友だち （とう じん とも）	the friend [whose father is an American]

Note that in Japanese the sentence (enclosed in brackets for explanatory purposes) precedes the noun it modifies, while in English it follows. Japanese has no relative pronouns such as *that, who, which,* or *whose.* Topics, which are marked by the particle は, do not appear in modifying sentences. Since the modifier is a sentence, it can take the plain non-past or plain past form in either the affirmative or negative. Needless to say, brackets are not used in actual writing.

これは［きのうわたしが新宿で買った］きっぷです。
This is the ticket [that I bought in Shinjuku yesterday].

きのう、［しばらく会わなかった］友だちに会いました。
Yesterday I met a friend [whom I hadn't seen for a while].

クリスさんは［めがねをかけている］人です。
Chris is the person [who wears glasses].

ここは［今は使っていない］部屋です。
This is the room [that is not being used now].

Note that the は in 今は is not a topic marker but a contrastive marker.

［小さかった］木が大きくなりました。
The tree [that was small] has grown big.

［あまり新しくない］かさです。
It is the umbrella [that is not so new].

2. Sentence connectives (7): Although ~

| S₁ plain けれども S₂ | although S₁, S₂ |

The expression けれども preceded by a sentence corresponds to the English 'although'. The predicate of S₁ is generally in the plain form, although it can be in the polite form depending on the formality of the situation. The sentence connective が, which was introduced in Lesson 6, Vol. 1, has the same function as けれども, but an S₁ predicate of a が construction is most often in the polite form. In casual speech, けれども may be abbreviated to けれど or けど.

10時間も寝たけど、まだねむいです。
Although I slept 10 hours, I am still sleepy.

そのワープロは高いけれど、ほしいです。
Although the word processor is expensive, I still want it.

コンサートは好きだけれども、あまり行けません。
Although I like concerts, I cannot go very often.

コンサートは好きですけれども、あまり行けません。
Although I like concerts, I cannot go very often.

コンサートは好きですが、あまり行けません。

Although I like concerts, I cannot go very often.

3. As many as (number)

NUMBER + COUNTER も   as many as

In this pattern, the particle も is used to emphasize the number, and it implies that the number is unexpectedly large or otherwise surprising to the speaker.

わたしは時計を3つ持っています。   I have three watches.

わたしは時計を3つも持っています。 I have as many as three watches. / I have

three watches!

わたしは友だちを1時間も待ちました。

I waited for my friend for one whole hour!

この町にはデパートが5つもあります。

There are *five* department stores in this town.

レポートで2日も寝られませんでした。

I couldn't sleep for *two* days because of my report.

4. Family terms

	Plain	Polite
father	ちち	おとうさん＊
mother	はは	おかあさん＊
older brother	あに	おにいさん＊
older sister	あね	おねえさん＊
younger brother	おとうと	おとうとさん
younger sister	いもうと	いもうとさん
uncle	おじ	おじさん＊
aunt	おば	おばさん＊
grandfather	そふ	おじいさん＊
grandmother	そぼ	おばあさん＊
child	こども	おこさん／こどもさん
son	むすこ	むすこさん
daughter	むすめ	むすめさん
husband	しゅじん／おっと	ごしゅじん
wife	かない／つま	おくさん

There are two different sets of family terms, plain and polite. The plain terms are used when talking about your own family, referred to as うち, with someone outside the family, referred to as そと. The plain terms are also used in describing facts objectively, such as ジョン・F・ケネディーの父 (J. F. Kennedy's father). Otherwise, the polite terms are used.

Note that when addressing your own family members, as shown in the last example sentence below, the polite terms are used (see the asterisked items in the table above).

父はサラリーマンです。
My father is a salaried (office) worker.

田中さんのお父さんは学校の先生ですか。
Is Mr. Tanaka's (i.e., your) father a school teacher?

「お父さん、映画に連れていって。」
Daddy, take me to a movie.

READING

アルバイトの広告 / Classified Ads

　わたしは先月、京都へ旅行したので、お金がありません。きょうはアルバイトをさがしに行きます。

> **レストラン・アモーレ**
> 　　学生アルバイト
> 　　ウエートレス（女子）
> 　　毎日午後8時から午後11時まで働ける人
> 　　（土曜日、日曜日も働ける人）
> 　　1時間：980円

> **家庭教師**
> 週1回、中学3年の男子に英語と数学を教えられる大学生
> 1回2時間：5000円

　レストラン・アモーレは、ホストファミリーのお父さんやお母さんとよく行くレストランです。家に近いので、いいアルバイトだと思います。でも、土曜日の夜は、友だちと会いたいので、働きたくありません。

　家庭教師は、一番してみたいアルバイトです。でも、わたしは英語は教えられますが、数学は教えられません。

　アルバイトをさがすのはむずかしいです。

広告(こうこく)	N	advertisement
ウエートレス	N	waitress
女子(じょし)	N	female, girl
家庭教師(かていきょうし)	N	tutor
中学(ちゅうがく)	N	junior high school
男子(だんし)	N	male, boy
ホストファミリー	N	host family

□**読む前に**

あなたはアルバイトをしたことがありますか。

□**質問**

1. わたしは　なぜアルバイトをさがしに行きますか。

2. レストラン・アモーレの仕事はどんな仕事ですか。

3. レストランでは、毎日何時間働きますか。

4. レストランのアルバイトは、1日いくらですか。

5. 家庭教師はどんなアルバイトですか。

6. 家庭教師のアルバイトは、1か月でいくらですか。

7. a. パメラさんはレストランでアルバイトをするつもりですか。

　　b. それはなぜですか。

8. a. パメラさんは家庭教師のアルバイトをするつもりですか。

　　b. それはなぜですか。

□**話しましょう**

1. どんなアルバイトをしたいですか。

2. アルバイトの広告をさがして、読んでみましょう。

□**書きましょう**

1. アルバイトの広告を書いてみましょう。

WRITING
[KANJI]

読み方を覚えましょう (かた)

頭 (あたま): head

洗う (あらう): to wash

数学 (すうがく): mathematics

短い (みじかい): short

寝る (ねる): to sleep, go to bed, lie down

忘れる (わすれる): to forget

新しい漢字 (かんじ)

123

ことば	れんしゅう	男
1 おとこ 男 ・ 2 おとこ 男の人 ひと ・ 3 おとこ 男の子 こ	男 男	**くん** おとこ | **おん** だん
		いみ male, a man
	かきじゅん	罗 男 | 丨 冂 冂 田 田

1 a man, male
2 a man
3 a boy

124

ことば	れんしゅう	女
1 おんな 女 ・ 2 おんな 女の人 ひと ・ 3 おんな 女の子 こ	女 女	**くん** おんな | **おん** じょ
		いみ female, a woman
	かきじゅん	乀 女 女

1 a woman, female
2 a woman
3 a girl

125

ことば	れんしゅう	父
1 とう お父さん ・ 2 ちち 父	父 父	**くん** ちち・ (おとう)(さん) | **おん** ふ
		いみ a father
	かきじゅん	丶 八 グ 父

1 your/some-
one's father
2 my father

126

ことば	れんしゅう	母

お母さん・母
1 か あ
2 はは

くん は は・(お)かあ(さん)
おん ぼ

いみ

a mother

かきじゅん

1 your/someone's mother
2 my mother

く
口
毋
毋
母

127

ことば	れんしゅう	兄

お兄さん・兄
1 に い
2 あ に

くん あに・(お)にい(さん)
おん きょう

いみ

an older brother

かきじゅん

1 your/someone's older brother
2 my older brother

丨
口
尸
兄

128

ことば	れんしゅう	弟

弟さん・弟
1 おとうと
2 おとうと

くん おとうと
おん だい

いみ

a younger brother

かきじゅん

1 your/someone's younger brother
2 my younger brother

弟
弟
丶
丷
弴
弟

129

ことば	れんしゅう	姉

お姉さん・姉
1 ね え
2 あ ね

くん あね・(お)ねえ(さん)
おん

いみ

an older sister

かきじゅん

1 your/someone's older sister
2 my older sister

姉
姉
姉
く
丬
女
女
女

130

ことば	れんしゅう	妹

妹さん・妹
1 いもうと
2 いもうと

くん いもうと
おん

いみ

a younger sister

かきじゅん

1 your/someone's younger sister
2 my younger sister

妹
妹
妹
く
丬
女
女
女

書く練習

一、あの □ の □ は □ ですか。

二、□ さんには □ の □ が □ います。

三、お □ さんも、お □ さんも、お □ ですか。

四、□ 、 □ と □ が遊びに □ ました。

五、わたしには □ も □ もいません。

六、□ も □ に □ んでいます。

七、□ だちのお □ さんと □ を

八、あの □ の □ の □ を知っていますか。

九、きのう、 □ で、あなたのお □ さん

□ に □ いましたよ。

十、□ さんと □ さんは、いつ □ しますか。

読む練習

一、きょうは宿題を忘れました。

二、頭が痛かったので、早く寝ました。

三、父は数学の先生です。

四、母は姉と、よく買い物に行きます。

五、毎週日曜日に車を洗います。

六、妹は髪の毛が短いです。

七、お兄さんと弟さんはお元気ですか。

八、この学校は男の子より女の子の
ほうが多いです。

九、リーさんのお父さん、お母さん、
お姉さんは東京に住んでいます。

十、兄は、来年結婚します。

LESSON  17 第十七課
だい か

LISTENING AND SPEAKING

Objectives

Asking about and explaining rules and regulations

Points

- asking whether something is permissible
- seeking permission or consent
- expressing prohibition and giving instructions
- verifying prior information

Sentences

1 （学生は）辞書を使ってもいいです。
じしょ

2 （あなたは）きらいな物は食べなくてもいいです。

3 （あなたは）そこで寝てはいけません。

4 （学生は）本をたくさん読まなくてはいけません。

5 （学生は）あしたまでにレポートを出さなくてはいけません。

Expressions

1. すみませんが、ワープロを使ってください。Sorry, please use a word processor.
（ドリル Ⅲ）

1 Permission: May ～

例）（あなたは）教室で辞書を使う → <u>（あなたは）教室で辞書を使ってもいいです。</u>

1)（あなたは）えんぴつで書く → 　　4)（だれでも）その部屋に入る →

2)（あなたは）アルバイトをやめる → 　5) コンサートのきっぷは高い →

3) 帰りは日曜日だ → 　　　　　　　　6)（あなたは）英語がへただ →

2 Concession: Don't have to ～

例）（あなたは）きらいな物を食べる

→ <u>（あなたは）きらいな物は食べなくてもいいです。</u>

1)（あなたは）あした来る → 　　　　4)（あなたは）宿題をきょう出す →

2)（あなたは）先生に連絡する → 　　5) アパートの家賃は安い →

3) 交通が便利だ → 　　　　　　　　6) コンサートのきっぷはS席だ →

3 Prohibition: Must not ～

例）（あなたは）そこで寝る → <u>（あなたは）そこで寝てはいけません。</u>

1) レポートは手書きだ → 　　　　　4)（あなたは）時間におくれる →

2)（あなたは）図書館で話す → 　　　5)（学生は）ラボで飲み物を飲む →

3) テストのとき、（あなたは）となりの人のテストを見る →

4-1 Obligation: Must ～

例）（学生は）本をたくさん読む → <u>（学生は）本をたくさん読まなくてはいけません。</u>

1)（あなたは）ここでくつをぬぐ → 　3)（あなたは）入口できっぷを買う →

2)（あなたは）毎日6時半に起きる → 4)（学生は）毎日復習をする →

4-2 Contracted forms

例）（わたしは）部屋をそうじする → <u>（わたしは）部屋をそうじし</u>なくてはいけない。

　　　　　　　　　　　　　　　　→ <u>（わたしは）部屋をそうじし</u>なくちゃ（いけない）。

　　　　　　　　　　　　　　　　→ <u>（わたしは）部屋をそうじし</u>なきゃ（いけない）。

1) 子どもはやさいを食べる → 　　　3)（あなたは）週末は遊ぶ →

2) 授業はおもしろい → 　　　　　　4) トイレはきれいだ →

5 By (time)

例）（学生）、月曜日、レポートを出す
→ （学生は）月曜日までにレポートを出さなくてはいけません。

1) 寮の学生、もんげん、帰る　→
2) （わたし）、あした、テープを返す　→
3) （学生）、1時半、昼ご飯を食べる　→
4) 休むとき、（あなた）、朝、先生に連絡する　→

ドリル

Ⅰ Asking for / Giving permission: requesting not to

A：英語で書いてもいいですか。

B：ええ、いいですよ。　　B：いいえ、英語では書かないでください。

── 教室で ──
ワープロを使う
友だちに聞く
早く帰る
辞書を使う
ノートを見る

── 図書館で ──
新聞を読む
ジュースを飲む
ビデオを見る
サンドイッチを食べる
このざっしをコピーする

Ⅱ Asking for / Giving permission

A：このテープを借りてもいいですか。
B：いいですけど、あしたまでに返してください。

ビデオ	月曜日
CD	3月3日
本	来週の火曜日
辞書	来月の1日
ざっし	4時

LISTENING
AND
SPEAKING

LESSON
17
第一七課

128

Ⅲ Asking for permission and giving instructions

A：ワープロを使わなくてもいいですか。

B：ええ、いいですよ。　　　B：すみませんが、ワープロを使ってください。
手書きでもいいです。

あしたまでに宿題を出す 英語で書く えいご 本を調べる 日本人に聞く スーツを着る	Give your own response.

Ⅳ Explaining prohibitions

A：図書館でしてはいけないことは何ですか。

B：たばこをすってはいけません。

── 図書館で ──	── テストのとき ──	── クラスで ──
食べる 大きな声で話す	となりの人のテストを見る 辞書を使う じしょ	時間におくれる サボる

Ⅴ Confirming old information

A：パーティーは7時からでしたね。

B：ええ、そうですね。

A：おくれてもいいでしょうか。

B：ええ、いいでしょう。　　おくれないほうがいいと思いますよ。

宿題 めんせつ 招待状 しょうたいじょう	あしたまで 14日 いんさつ	あさって スーツを着ない 手書き	Give your own response.

CARD A

I Asking/Explaining what you have to do

You are a host parent. Explain the house rules to a foreign student you are hosting.

CARD B

I Asking/Explaining what you have to do

You are a foreign student staying in someone's home. The house rules are explained to you.

CARD A

II Asking/Explaining what you should not do

You are a resident of a dormitory. Explain the dormitory rules to a new student.

CARD B

II Asking/Explaining what you should not do

You are a new student in a dormitory. The dormitory rules are explained to you.

LISTENING
AND
SPEAKING

LESSON

17

第一七課

130

GRAMMAR NOTES

1. Giving permission: May / It is all right if ~

V-ても Adj-くても AN でも N でも	いいです	it is all right if it V is Adj is N

いい preceded by a sentence with a －て form of any predicate plus も corresponds to the English 'may', 'all right', or 'O.K.' when expressing or asking for permission or concession.

辞書を使ってもいいです。
You may use a dictionary.

たばこをすってもいいですか。
Is it all right if I smoke?

どんなに高くてもいいです。
It doesn't matter how expensive it is.

へたでもいいです。
It's all right if you're not good at it.

あしたでもいいです。
Tomorrow is fine with me.

2. Concession: Not have to / It's all right if it's not ~

V-なくても Adj-く なくても AN じゃ なくても N じゃ なくても	いいです	it does not have to V be Adj be N

いい preceded by a sentence with a negative predicate in ーて form (ーなくて) plus も expresses a concession and corresponds to the English 'not have to'.

宿題はきょう出さなくてもいいです。
You don't have to turn in the homework today.

この本を読まなくてもいいですね。
We don't have to read this book, right?

安くなくてもいいです。
It doesn't have to be cheap.

じょうずじゃなくてもいいです。
You don't have to be good at it.

きょうじゃなくてもいいです。
It doesn't have to be today.

3. Prohibition: Must not / Shouldn't

V ーては			V	
Adj ーくては				be Adj
AN じゃ(では)	いけません	it shouldn't	be N	
N じゃ(では)				

いけない preceded by a sentence with a ーて form predicate followed by は expresses prohibition, and corresponds to the English 'can't', 'shouldn't', 'may not', or 'must not'.

たばこをすってはいけません。
You may not smoke.

寝てはいけませんよ。
You can't go to bed.

高くてはいけません。
It must not be expensive.

車はあまりりっぱじゃいけません。
A car shouldn't be too fancy.

えんぴつじゃいけません。
A pencil won't do.

In conversation ては is often contracted to ちゃ, just as では is contracted to じゃ (L1 GN1.2, Vol 1).

わらっちゃいけない。
You shouldn't laugh.

4. Obligation: Must / Have to

V-なくては		
Adj- くなくては	いけません	
AN じゃ なくては		
N じゃ なくては		

$\qquad$ it has to $\begin{array}{l} \text{V} \\ \text{be Adj} \\ \text{be N} \end{array}$

If the sentence preceding いけません ends with a negative predicate in the -て form (-なくて) followed by は, the construction expresses obligation and corresponds to the English 'have to' or 'must'.

きょう宿題を出さなくてはいけませんか。
Do we have to turn in the homework today?

ペンで書かなくてはいけません。
You must write with a pen.

部屋をそうじしなくてはいけません。
I have to clean my room.

安くなくてはいけません。
It has to be cheap.

きれいじゃなくてはいけません。
It has to be clean.

山田さんじゃなくてはいけません。
It must be Yamada. (No one can take the place of Yamada.)

In conversation なくては is often contracted to なくちゃ or なきゃ, and いけない is often deleted.

勉強しなくちゃ（いけない）。
勉強しなきゃ（いけない）。
I have to study.

5. By (time)

TIME までに	by TIME

までに 'by' indicates the time limit by which something must be done; thus, this

something can, in fact, be finished before the time indicated. Compare this with 〜ま
で 'until', which implies that something is being done continuously until the time
indicated (see last example below).

あしたまでにレポートを出さなくてはいけません。
I have to turn in my paper by tomorrow.

1時半までに昼ご飯を食べてください。
Please eat (finish) your lunch by 1:30.

cf. あしたまで東京にいなくてはいけない。
I have to stay in Tokyo until tomorrow.

READING

学生の作文・じゅくの時間 表 / Student Essay・Cram School Schedule

きのう、ホームステイをしている家の春男くんが「友だちがじゅくに行っているから、ぼくもじゅくに行きたい。」と言いました。春男くんは小学生で、サッカーが大好きです。みんなおどろきました。お父さんは、学校でべんきょうして、宿題もあるのだから、行かなくてもいいと言いました。お母さんは、サッカーをするよりじゅくへ行ったほうがいいと言いました。

じゅくの申し込みは、きょうのひるまでです。12時までにじゅくに行って、15万円はらわなくてはいけません。その前に、お母さんは銀行に行かなくてはいけません。今、11時です。

わたしの国にもじゅくはありますが、行っている人はほんとうに少ないです。小学生がじゅくに行っている国は、あまりないでしょう。子どもは外であそんだほうがいいと思います。でも、ひとりではサッカーはできませんね。

子ども 英語教室　案内

小学校1年生＆2年生：A教室　毎週 月・水　　5時〜6時30分

小学校3年生＆4年生：B教室　毎週 月・水　　5時〜6時30分

小学校5年生＆6年生：A教室　毎週 月・水・金 7時〜8時30分

持って来るもの：英語のじしょ、ノート

じゅく（塾）	N	cram school
表（ひょう）	N	chart, table
春男（はるお）	N	pn: Haruo
小学生（しょうがくせい）	N	elementary school student
サッカー	N	soccer
おどろく	V$_i$	to be surprised
学校（がっこう）	N	school
申（もう）し込（こ）み	N	application
ほんとうに	Adv	really, truly
外（そと）	N	outside
英語（えいご）	N	English
教室（きょうしつ）	N	class(room)
案内（あんない）	N	notice, leaflet, brochure
小学校（しょうがっこう）	N	elementary school
～年生	N	～st/nd/rd/th-year student

□読む前に

「じゅく」を知っていますか。

□質問

1. 春男くんはなぜじゅくに行きたいのですか。

2. a. お父さんは春男くんがじゅくに行くほうがいいと思っていますか。

   b. それはどうしてですか。

3. お母さんはどう思っていますか。

4. 15万円は何のお金ですか。

　　［こども英語教室案内］

5. 小学校4年生の教室はどこですか。

6. 小学校5年生は、英語教室で週に何時間勉強しますか。

7. 英語教室に行くとき、何を持って行きますか。

□話しましょう

1. あなたの国にじゅくがありますか。

□書きましょう

1. 日本の小学生は、学校が終わってから何をしますか。調べてみましょう。

　　そして、あなたの意見(opinion)を書いてください。

WRITING
[KANJI]

声 (こえ): voice   歯 (は): tooth   髪の毛 (かみのけ): hair
かみ

耳 (みみ): ear   首 (くび): neck

顔 (かお): face   指 (ゆび): finger

新しい漢字
かんじ

131

ことば	れんしゅう	口
		くん / **おん**
4 みなみぐち 南口・人口 3 でぐち 出口・ 2 いりぐち 入口・ 1 くち 口・ 5 じんこう 人口		くち・ぐち / こう
		いみ
		a mouth
	かきじゅん	
		丶
		丨口
		口

1 a mouth
2 an entrance
3 an exit
4 the south gate
5 population

132

ことば	れんしゅう	足
		くん / **おん**
1 あし 足・ 2 た 足りる・ 3 た 足す		あし・ たりる・たす /
		いみ
		a leg, a foot, to be enough
	かきじゅん	
	足	丶
	足	冖口
		口
		尸
		卩

1 a leg, a foot
2 to suffice
3 to add

133

ことば	れんしゅう	目
		くん / **おん**
目 1 め		め /
		いみ
		an eye
	かきじゅん	
		丨
		冂
		月
		月
		目

1 an eye

ことば	れんしゅう	手
手 て	手 手	くん て ／ おん
		いみ a hand
		かきじゅん 一 二 三 手
1 a hand		

ことば	れんしゅう	体
体 からだ	体 体	くん からだ ／ おん
		いみ body
		かきじゅん ノ イ 仁 什 休 体
1 the body		

ことば	れんしゅう	心
心 こころ	心 心	くん こころ ／ おん しん
		いみ heart
		かきじゅん 丶 丷 心 心
1 mind, the heart		

ことば	れんしゅう	思
1 思う おも 2 思い出す おも だ	思 思	くん おも(う) ／ おん
		いみ to think
		かきじゅん 丨 冂 円 田 田 思 思 思
1 to think, to consider 2 to remember, to recall		

ことば	れんしゅう	自
1 自分 じ ぶん 2 自転車 じ てんしゃ	自 自	くん ／ おん じ・し
		いみ self, auto-
		かきじゅん 丶 ノ 自 自 自 自
1 oneself 2 a bicycle		

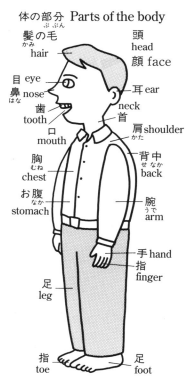

体の部分 Parts of the body

髪の毛 hair
頭 head
顔 face
目 eye
鼻 nose
耳 ear
歯 tooth
首 neck
口 mouth
肩 shoulder
胸 chest
背中 back
お腹 stomach
腕 arm
手 hand
指 finger
足 leg
指 toe
足 foot

書く練習

一、□（えき）の□（みなみぐち）で、□（ま）っていてください。

二、□（にほん）の都市の□（じんこう）を調べました。

三、□（て）と□（あし）が痛いです。

四、□（なまえ）を忘れて□（おも）い□（だ）せません。

五、□（いえ）から□（えき）まで□（じてんしゃ）で□（さんぷん）です。

六、たくさん□（ほん）を□（よ）んだので□（め）がつかれました。

七、□（まいにち）□（じぶん）で料理します。

八、□（じてんしゃ）に乗って□（からだ）が痛くなった。

九、□（こころ）の□（なか）で□（おも）っていることを□（はな）して

十、こちらが□（いりぐち）で、あちらが□（でぐち）です。

読む練習

一、もっと大きい声で話してください。

二、口を開けて、歯を見せてください。

三、耳が痛いんですか。それとも目が痛いんですか。

四、自転車からおちて、顔をけがした。

五、髪の毛が短いので、首が寒い。

六、手の指と足の指を足すと、二十本になる。

七、田中さんは体が軽い。

八、心の中で色々なことを考える。

九、週末は、自分の家で過ごします。

十、あしたもいい天気だと思います。

LESSON  第十八課
だい　　か

LISTENING AND SPEAKING

Objectives

Expressing the context of actions or the relationships between them

Points

- expressing conditions
- asking and giving suggestions and instructions
- being unsure of something

Sentences

1　ラボの使い方を読んでください。
　　　　つか　がた

2　（わたしが）京都に着いたら、（わたしはあなたに）電話します。
　　　　　　　きょうと

　　（もしわたしに）お金がたくさんあったら、（わたしは）外国に旅行したいです。

3　（わたしは）結婚しても、（わたしは）仕事をやめないつもりです。

4　（わたしは）あした図書館に行くかどうかわかりません。

Expressions

1　きっぷを買いたいんですが、どうしたらいいですか。

　　How can I buy a ticket?　（ドリル　II）

2 アルバイトをしようと思うんですが、どうでしょうか。

I think I'll take a part-time job ... what do you think? （ドリル Ⅲ）

フォーメーション

1 How to 〜

例） コピー（を）する → コピーのし方 → コピーのし方を教えてください。

1) きっぷを買う →　　　　　4) コンピュータを使う →

2) 電話をかける →　　　　　5) 辞書を引く →

3) 漢字を書く →

2-1 たら form: Nouns, adjectival nouns, and adjectives

例） 雨だ → 雨だったら

　　　　 → 雨じゃなかったら

　　 きれいだ → きれいだったら

　　　　　 → きれいじゃなかったら

　　 いそがしい → いそがしかったら

　　　　　 → いそがしくなかったら

1) おもしろい →　　　　6) ひまだ →

2) あたたかい →　　　　7) きらいだ →

3) 安い →　　　　　　　8) 学生だ →

4) 都合がいい →　　　　9) 休みだ →

5) 必要だ →

2-2 たら form: Verbs

例） 起きる → 起きたら

　　　　 → 起きなかったら

1) おく →　　　　6) 飲む →

2) 行く →　　　　7) なる →

3) 話す →　　　　8) 買う →

4) 待つ →　　　　9) さわぐ →

5) 死ぬ →　　　10) よぶ →

LISTENING
AND
SPEAKING

LESSON
18
第一八課

141

11) 着る　　　→　　　13) 来る　　　→

12) つかれる　→　　　14) する　　　→

2-3　If/When ～

例)　(わたしが) 京都に着く：(わたしはあなたに) 電話する

　　→(わたしが) 京都に着いたら、(わたしはあなたに) 電話します。

1) 冬になる：(わたしは) スキーを習おうと思う　→

2) (あなたが) おなかがすく：先に食べてください　→

3) (わたしが) 大学を卒業する：(わたしは) 日本の会社で働く　→

4) (もしわたしに) お金がたくさんある：(わたしは) 外国に旅行したい　→

5) 高い：買わない　→

6) きらいだ：食べなくてもいい　→

7) 雨だ：タクシーに乗る　→

8) (わたしが) うちに帰った：友だちが (わたしのうちに) 来ていた　→

9) (わたしが) 友だちを訪ねた：(友だちは) るすだった　→

10) (あなたが) バスを降りる：(あなたは) 電話してください　→

3　Even if ～

例)　(わたしは) 結婚する：(わたしは) 仕事をやめないつもりだ

　　→　わたしは結婚しても、(わたしは) 仕事をやめないつもりです。

1) (いいワープロは) 高い：(わたしは) いいワープロを買う　→

2) 交通が不便だ：(わたしは) 静かなところに住みたい　→

3) 雨だ：サッカーの試合がある　→

4) (わたしはホテルを) 予約しない：(わたしは) ホテルにとまれると思う　→

5) 道がこんでいる：タクシーで来てください　→

4-1　I don't know whether ～ or not

例)　宿題、たいへんだ

　　→ (わたしは) 宿題がたいへんかどうかわかりません。

あのコーヒー、おいしい

　　→ (わたしは) あのコーヒーがおいしいかどうかわかりません。

1) あのレストラン、高い　　　→

2) この本、おもしろい　　　→

3) 新しいワープロ、便利だ　　　→

4) これ、田中さんのえんぴつだ　→

5) 道子さん、元気だった　　　→

例） 山下さん、あした、来る

→（わたしは）山下さんがあした来るかどうかわかりません。

1) マリーさん、結婚している　→

2) チェンさん、運転ができる　→

3) 田中さん、けさ、コーヒーを飲んだ　→

4) ジョンさん、コンピュータ、使える　→

5)（わたし）、きょう、図書館に行ける　→

ドリル

Ⅰ-1　If/When 〜？

A：ひまになったら、どうしますか。

B：そうですねえ。ひまになったら、一日中寝ようと思います。

── ひまになる ──	──あたたかくなる──	── 卒業する ──
好きなことをする	サイクリングをする	しゅうしょくする
映画を見に行く	朝早く起きる	結婚する
旅行する	海へ行く	車を買う
（あなたは？）	（あなたは？）	（あなたは？）

Ⅰ-2　If 〜

A：道にまよったら、どうしますか。

B：交番で聞きます。

お金をなくす	
病気になる	
雨が降る	
［教室で］	
聞こえない	
質問がある	Give your own
見えない	response.
わからない	

LISTENING
AND
SPEAKING

LESSON

18

第一八課

143

Ⅰ -3　What if 〜？

A：もし<u>1000万円あったら</u>？

B：そうですね。もし<u>1000万円あったら</u>、<u>外国に旅行したい</u>ですね。

あした休みだ テストがない	Give your own response.

Ⅱ　Asking/Giving advice

A：<u>きっぷを買い</u>たいんですが、どうしたらいいですか。

B：<u>きっぷの買い方</u>ですか。まず、<u>料金を調べます</u>。<u>料金を調べ</u>たら、<u>お金を入れま</u>す。<u>ボタンを押し</u>たら、<u>きっぷが出ます</u>。

電話をかける	
受話器を取る お金を入れる 電話番号を押す	Make up your own situation.

Ⅲ　Asking for/Giving an opinion

A：<u>アルバイトをし</u>ようと思うんですが、どうでしょうか。

B：<u>し</u>たかったら、<u>し</u>てもいいと思いますが、よく考えて、決めてください。

寮を出る ホームステイをやめる しゅうしょくする 1年、大学を休む

Ⅳ　Asking permission and responding with suggestions/requests

A：<u>いそがしかったら</u>、<u>ミーティングに出なく</u>てもいいですか。

B：<u>いそがしく</u>ても、<u>出た</u>ほうがいいですよ。

LISTENING
AND
SPEAKING

LESSON
18
第一八課

144

わからない	宿題をしない	してみてください
あしたまでに読めない	この本を返さない	返してください
きらいだ	食べない	食べたほうがいいですよ
おなかがすく	先に食べる	待っていてください

Ⅴ Expressing uncertainty

A：結婚したら、仕事をやめますか。

B：結婚しても、仕事をやめるかどうかわかりません。

卒業する	働く
休みになる	国に帰る
車が安い	買う
日本人だ	この漢字が読める

ロールプレイ

CARD A

I Giving directions

You are planning to visit someone, and you ask that person how to get there. Discuss the following: trains, what type of train to take (local, express, etc.), where to get off, which exit to take, landmarks, etc.

CARD B

I Giving directions

Someone is coming to your office/home. Explain the way. Discuss the following: trains, what type of train to take (local, express, etc.), where to get off, which exit to take, landmarks, etc.

CARD A

II Discussing travel plans

You are planning a trip during the holidays. Discuss the following: (1) possible means of transportation, (2) reserving seats, (3) alternatives when you don't have reservations.

CARD B

II Discussing travel plans

You are planning a trip during the holidays. Discuss the following: (1) possible means of transportation, (2) reserving seats, (3) alternatives when you don't have reservations.

GRAMMAR NOTES

....
1. How to ～
....

| N　の　V-方
かた | how to V　N |

The -ます stem (L3 GN1, Vol. 1) followed by the suffix -方 'the way' is a derived noun meaning 'how to V' or 'the way of V-ing'. A preceding N with の can modify the V -方. Since V-方 is a noun, the N which precedes it takes の (L1 GN4, Vol. 1).

コピーのし方
かた
how to make copies

きっぷの買い方
か　かた
how to buy a ticket

スミスさんの話し方
はな　かた
Mr. Smith's way of speaking

コピーのし方を教えてください。
かた　おし
Teach/Tell/Show me how to make copies.

きっぷの買い方がわかりません。
か　かた
I don't know how to buy a ticket.

スミスさんの話し方は静かです。
はな　かた　しず
Mr. Smith's way of speaking is quiet. (Mr. Smith speaks quietly.)

....
2. Conditional (1): ～たら、～
....

| S₁-たら、S₂ | If/When S₁, S₂ |

A predicate in -たら form connects two sentences as condition and consequence: S₁ in -たら form is the condition, and S₂ is the consequence. The corresponding English is 'if ～' or 'when ～' depending on the degree of the probability of fulfilling the condition: 'when' when the probability is high, and 'if' when it is low. Counterfactual use of たら is an extreme instance of the latter, in which case the word もし 'if' often precedes S₁. In any case, S₁ (the condition) has to be fulfilled either before or at the time of S₂, but never after that.

The -たら form is made by adding -ら to the plain past affirmative form (L10 GN4, Vol. 1).

Dictionary Form	-たら	-なかったら
起きる	起きたら	起きなかったら
書く	書いたら	書かなかったら
いそがしい	いそがしかったら	いそがしくなかったら
きれい	きれいだったら	きれいじゃなかったら
雨	雨だったら	雨じゃなかったら

As mentioned above, the meanings of this pattern can be grouped as follows:

(1) 'When S₁, S₂': a high probability of fulfilling the condition.

  A.

   [I am now leaving for Kyoto.]

     京都に着いたら、電話します。
     When I arrive in Kyoto, I will call you.

   [There are four seasons of the year in Japan (one of which is winter).]

     冬になったら、スキーを習おうと思います。
     When winter comes, I think I will learn how to ski.

   [I am going to graduate from the university this June.]

     大学を卒業したら、日本の会社で働きます。
     When I graduate from the university, I will work at a Japanese company/at a company in Japan.

  B.

When the pattern refers to a past event, the consequence is not what one had intended or expected. Therefore the pattern means 'When one did S₁, he found S₂'.

   うちに帰ったら、友だちが来ていました。
   When I came back home, I found that my friend was there (contrary to expectations).

   わたしが訪ねたら、友だちはるすでした。
   When I visited my friend, I found (to my surprise) that he was out.

(2) 'If S₁, S₂': a low probability of fulfilling the condition.

  A.

   [I don't know whether it is expensive or not.]

高かったら、買いません。
If it's expensive, I will not buy it.

[I don't know whether it will rain or not.]

雨だったら、タクシーに乗ります。
If it rains, I will take a taxi.

[I don't know whether you will like it or not.]

きらいだったら、食べなくてもいいです。
If you don't like it, you don't have to eat it.

[I don't know whether there is a dictionary there or not.]

そこに辞書があったら、持ってきてください。
Please bring me a dictionary if there is one there.

B. Counterfactual:

[I have very little money.]

もしお金がたくさんあったら、外国に旅行したいです。
If I had a lot of money, I would like to travel abroad.

[It was cheap and I bought it.]

高かったら、買いませんでした。
If it had been expensive, I wouldn't have bought it.

3. Even if ～

| S_1-ても、 S_2 | Even if S_1, S_2 |

The predicate of S_1 is in the -て form followed by も. The pattern denotes that the fulfillment of S_2 is not affected or hampered by the condition expressed in S_1. It corresponds to the English 'even if ～'.

高くても、いいワープロを買います。
Even if it is expensive, I will buy a good word processor.

雨でも、サッカーの試合があります。
Even if it rains, they will have a soccer game.

キムさんはたくさん食べても、太りません。
Kim doesn't gain weight even if she eats a lot.

予約しなくても、あのホテルにはとまれるでしょう。
Even if we don't make a reservation, we can probably stay at that hotel.

4. I don't know whether ~ or not

| S plain かどうかわからない | I don't know whether S or not |

The predicate of a sentence preceding -かどうかわからない is either plain non-past or past affirmative. Potential forms may be used. Note that the plain non-past affirmative form だ is omitted before -かどうかわからない.

あれが日本の車かどうかわかりません。
I don't know whether that is a Japanese car or not.

来週はひまかどうかわかりません。
As for of next week, I don't know whether I will be free or not.

あした図書館に行くかどうかわかりません。
I don't know whether I will go to the library tomorrow or not.

あのコーヒーがおいしいかどうかわかりません。
I don't know whether that coffee tastes good or not.

ジョンさんがコンピュータが使えるかどうかわかりません。
I don't know whether John can use a computer or not.

マリーさんが結婚したかどうかわかりません。
I don't know whether Mary got married or not.

そのとき、みちこさんのお父さんが元気だったかどうかわかりません。
I don't know whether Michiko's father was in good health at that time or not.

149

家庭教師/A Tutor
かていきょうし

　ヤノスさんはパメラさんから家庭教師のアルバイトの話を聞きました。ヤノスさんの専攻は数学です。ヤノスさんは、ぜひそのアルバイトをしてみたいと思いました。
せんこう

家庭教師

週1回、中学3年の男子に英語と数学を教えられる大学生

1回2時間：5000円

山田　電話番号：0422-☆☆-3343

　ヤノスさんは、山田さんに電話をかけました。

（電話で）

山田：　あした、都合がよかったら、来てください。

ヤノス：はい、何時に行きましょうか。

山田：　じゃあ、3時に来てください。どこから来ますか。

ヤノス：吉祥寺からです。
きちじょうじ

山田：　吉祥寺だったら、南口から3番のバスに乗って、新川
きちじょうじ
　　　　通りで降りてください。降りたら、右に100メートル
　　　　どお　　　お　　　　　　　　　　　　　　お
　　　　ぐらい歩いてください。家は交番のとなりです。
　　　　　　　ある

ヤノス：はい、でも・・・分かるでしょうか。

山田：　道にまよったら、電話してください。それじゃ、待っ
　　　　ていますよ。

　ヤノスさんは、着て行く服を考えて、一番いいスーツを選び
ました。

大学生（だいがくせい）	N	college student
番号（ばんごう）	N	number
〜番（〜ばん）	N	No. 〜
新川通（どお）り	N	pn: Shinkawa street (name of a bus stop)
降（お）りる	Vi	to get off
スーツ	N	suit

□**読む前に**

道にまよったら、どうしますか。

□**質問**

1. Write T (true), F (false) or ? (don't know).

　　a. （　）ヤノスさんは中学3年の男子に英語と数学を教えられると思っています。

　　b. （　）ヤノスさんは山田さんの家へ初めて行きます。

　　c. （　）山田さんは新川通りのバスていで、ヤノスさんを3時に待っています。

　　d. （　）ヤノスさんは道にまよったので、山田さんに電話をしました。

　　e. （　）ヤノスさんはあしたスーツを着て、山田さんの家に行くつもりです。

2. 山田さんはだれですか。

3. ヤノスさんはあした山田さんの家に何をしに行くのでしょうか。

4. ヤノスさんは、なぜスーツを選んだと思いますか。

□**話しましょう**

1. 友だちの家に行きます。行き方を聞いてみましょう。

□**書きましょう**

1. 日本人の友だちに家の行き方を聞いて、メモしてください。

2. あなたの家への行き方を書いてください。

WRITING
[KANJI]

読み方を覚えましょう

訪ねる （たずねる）: to visit

押す （おす）: to push

引く （ひく）: to pull

選ぶ （えらぶ）: to choose, select

予約する （よやくする）: to reserve, make a reservation

必要な （ひつような）: necessary

都合 （つごう）: convenience

交番 （こうばん）: police box

新しい漢字

		139
ことば	れんしゅう	海
1 海 うみ	海 海	くん おん / うみ
		いみ
		sea, ocean
	かきじゅん	汇 海 海 海 / 氵氵氵氵
1 the sea, the ocean		

		140
ことば	れんしゅう	文
1 文 ぶん 2 文学 ぶんがく	文 文	くん おん / ぶん
		いみ
		a sentence, writings
	かきじゅん	丶 一 ナ 文
1 a sentence 2 literature		

		141
ことば	れんしゅう	字
1 字 じ	字 字	くん おん / じ
		いみ
		a letter, a character
	かきじゅん	字 / 丶 宀 宀 宀
1 a character		

142 漢

ことば	れんしゅう	漢

ことば: 1 漢字（かんじ）

くん・おん: かん

いみ: Chinese

かきじゅん

1 a Chinese character, kanji

143 考

ことば	れんしゅう	考

ことば: 1 考（かんが）える

くん・おん: かんが（える）

いみ: to consider, to think

かきじゅん: 一 十 土 耂 考

1 to think, to consider

144 教

ことば	れんしゅう	教

ことば: 1 教（おし）える・2 教会（きょうかい）

くん・おん: おし（える）／ きょう

いみ: to teach

かきじゅん: 一 十 土 耂 耂 考 孝 教

1 to teach, to tell
2 a church

145 習

ことば	れんしゅう	習

ことば: 1 習（なら）う

くん・おん: なら（う）／ しゅう

いみ: to learn

かきじゅん: 習

1 to learn

146 校

ことば	れんしゅう	校

ことば: 1 学校（がっこう）・2 小学校（しょうがっこう）・3 中学校（ちゅうがっこう）・4 高校（こうこう）

くん・おん: こう

いみ: a school

かきじゅん: 一 十 オ 木 朴 杧 栌 校

1 a school
2 an elmentary school
3 a junior high school
4 a high school

WRITING

LESSON **18**

第一八課

一、　□（かんじ）をたくさん□（なら）いました。

二、　あの□（がっこう）は□（ぶんがく）を□（おし）えています。

三、　□（がっこう）から□（かえ）って□（かんじ）を□（おし）えし
ました。

四、　□（い）きたいと□（おも）います。

五、　□（こん）度の□（ど）□（よう）□（び）は、□（うみ）に

六、　この□（がっこう）ことは、よく□（ぶん）で□（か）えました。

七、　□（にちよう）□（び）曜は、□（まいしゅう）□（きょうかい）□（い）へ□（い）きます。

八、　□（なら）った□（かんじ）を忘れました。

九、　□（にほん）の美術について□（おし）えています。

十、　もう□（すこ）し、よく□（かんが）えてください。

一、　押したり引いたりします。

二、　次の木曜日（ようび）の都合はどうですか。

三、　文学の先生の家を訪ねました。

四、　必要な漢字を覚えましょう。

五、　海の近くのレストランを
予約しました。

六、　よく考えて選んでください。

七、　交番で道（みち）を教えてもらいました。

八、　今まで習った漢字は忘れません。

九、　漢字をたくさん使って文を
書きます。

十、　小学校も中学校もここから
遠いです。

LESSON 19 第十九課
だい か

LISTENING AND SPEAKING

Objectives

Describing the giving and receiving of objects

Points

- talking about the exchange of gifts
- giving/receiving/expressing gratitude for gifts
- offering/suggesting

Sentences

1 （わたしは）ジョンさんにチョコレートをあげます。

　母は山本さんのおばあさんにスカーフをさしあげます。

2 田中くんは（わたしに）ケーキをくれました。

　田中くんのお母さんは祖母にくだものをくださいました。
　　　　　　　　　　　　　そぼ

3 （わたしは）田中くん〔に／から〕ケーキをもらいました。

　（わたしは）洋子さんのお母さん〔に／から〕本をいただきました。
　　　　　　ようこ

1 食器をあげたらどうでしょう。　What if you give them some dishes?（ドリルⅢ）

2 ぼくはトースターがほしいですね。　I (masc.) want a toaster.（ドリルⅣ）

3 ぼくにトースターをくれませんか。　Could you give me a toaster?（ドリルⅣ）

4 お電話ください。　Give me a call.（ドリルⅤ）

フォーメーション

1 Giving（1）

例）（わたしは）ジョンさんにおかしをあげます。

例）（わたしは）先生に（お）花をさしあげます。

例）　　　　　　　　　　　　　　　　　　　　例）

わたし　　→　ジョン　　　　　　　　わたし　　→　先生
　　　　おかし　　　　　　　　　　　　　　　花

（わたしは）＿＿＿＿＿＿＿＿　　　　　（わたしは）＿＿＿＿＿＿＿＿

1)　　　　　　　　　　　　　　　　　　　2)

弟　　→　友だち　　　　　　　　母　　→　山本さんの
　コンサート　　　　　　　　　　　スカーフ　　おばあさん
　の
　きっぷ

弟は＿＿＿＿＿＿＿＿　　　　　　母は＿＿＿＿＿＿＿＿

3)

お酒

父　　　　　社長

父は＿＿＿＿＿＿＿＿＿＿

4)

くだもの

わたし　　　　洋子さん
　　　　　　　　ようこ

（わたしは）＿＿＿＿＿＿＿＿＿＿

2 Giving (2)

例）田中くんは（わたしに）カードをくれました。

例）洋子さんのお母さんは（わたしに）本をくださいました。
　　ようこ

例）

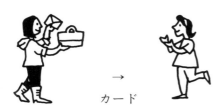

カード

田中くん　　　　わたし

田中くんは＿＿＿＿＿＿＿＿＿

例）

本

洋子さんのお母さん　　わたし
ようこ

洋子さんのお母さんは＿＿＿＿＿＿＿
よう

1)

ハンカチ

洋子さん　　　　妹
ようこ

洋子さんは＿＿＿＿＿＿＿＿
ようこ

2)

かばん

兄　　　　わたし

兄は＿＿＿＿＿＿＿＿

3)

お茶

田中くん　　　　父と母

田中くんは＿＿＿＿＿＿＿＿

4)

おかし

田中くんの　　　　祖母
お母さん　　　　　そぼ

田中くんのお母さんは＿＿＿＿＿＿＿

3 Receiving

Refer to illustrations 1)-4) in Giving (2)

例）（わたしは）田中くん $\left[\begin{array}{c} に \\ から \end{array}\right]$ カードをもらいました。

例）（わたしは）洋子さんのお母さん $\left[\begin{array}{c} に \\ から \end{array}\right]$ 本をいただきました。
　　　　　　ようこ

1) 妹は ＿＿＿＿＿＿＿＿＿＿＿＿＿＿＿＿＿＿＿＿。

2)（わたしは）＿＿＿＿＿＿＿＿＿＿＿＿＿＿＿＿＿。

3) 父と母は ＿＿＿＿＿＿＿＿＿＿＿＿＿＿＿＿＿＿。

4) 祖母は ＿＿＿＿＿＿＿＿＿＿＿＿＿＿＿＿＿＿＿。
　　そ　ぼ

ドリル

I-1 Describing gift giving

A：その時計、すてきですね。

B：ええ、 $\left[\begin{array}{l} 友だち \\ 友だちのお母さん \end{array}\right]$ が $\left[\begin{array}{c} くれた \\ くださった \end{array}\right]$ んです。

スカーフ	兄／姉
ネクタイ	父／母
かばん	祖父／祖母
ハンドバッグ	おじ／おば
	友だちのお父さん
	田中さんのおばあさん

I-2 Describing gift receiving

A：その時計、すてきですね。

B：ええ、 友だち $\left[\begin{array}{c} に \\ から \end{array}\right]$ もらったんです。

　　　　友だちのお母さん $\left[\begin{array}{c} に \\ から \end{array}\right]$ いただいたんです。

☆　I-1 の言葉を使ってください。
　　　　ことば

LISTENING
AND
SPEAKING

LESSON
19
第一九課

158

II Describing gift receiving

Ａ：あのう、誕生日に何かもらいましたか。
<ruby>誕生日<rt>たんじょうび</rt></ruby>

Ｂ：ええ、花をもらいました。　　　Ｂ：いいえ、何ももらいませんでした。

クリスマス	かばん	さいふ	本
お正月	時計	ペン	CD
しゅうしょくのとき	ネクタイ		お金
卒業のとき	ハンドバッグ		セーター
入学のとき			

III Asking for/Giving suggestions for a gift

Ａ：友だちが結婚するんですが、おいわいは何がいいでしょうか。

Ｂ：そうですねえ…。食器をあげたらどうでしょう。

しゅうしょく	台所用品	かばん	さいふ
卒業	かびん	時計	ペン
	電気製品 せいひん	ネクタイ	
	ハンドバッグ		

IV Getting rid of white elephants

A, B, and C are students in a dormitory. They each have things they do not need. They will each look at the others' lists of unneeded objects. If there is anything someone else wants, they will try to negotiate a trade.

いらないもの

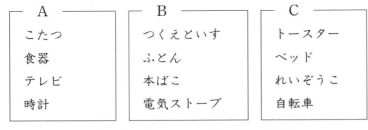

┌── A ──	── B ──	── C ──
こたつ	つくえといす	トースター
食器	ふとん	ベッド
テレビ	本ばこ	れいぞうこ
時計	電気ストーブ	自転車

Ａさん：わたし／ぼくはトースターがほしいですね。

Ｂさん：わたし／ぼくはこたつがほしいです。

Ｃさん：わたし／ぼくはつくえといすがほしいです。

Ａさん：じゃ、わたし／ぼくがＢさんにこたつをあげるから、Ｃさんは　わたし／ぼく
にトースターをくれませんか。

Ⅴ Giving away household items

Smith has completed his year abroad and is to return to his country, so he wants to give the things he has to someone else.

**さしあげます！
お電話ください**

0422-03-☆☆☆☆☆

〔夜　8：00〜10：00〕

ベッド	つくえといす	ふとん
自転車	こたつ	電気ストーブ
トースター	本ばこ	れいぞうこ
テレビ	食器	CD プレイヤー

ジョン・スミス

電話で

　　A：もしもし、スミスさんのお宅ですか。

ジョン：はい、スミスですが…。

　　A：あのう、Aと申しますが、ベッドをいただきたいんですが。

ジョン：ええ、さしあげますが、取りに来られますか。

　　A：はい、行けます。

LISTENING
AND
SPEAKING

LESSON
19
第一九課

160

CARD A

I Talking about gift giving

You talk with a foreign student about gift-giving customs in his/her country. Ask what kinds of things are usually given to whom.

CARD B

I Talking about gift giving

You (a foreign student) are asked about gift-giving customs in your country. What kinds of things are usually given to whom?

CARD A

II Talking about souvenirs at a souvenir shop

① You are at a souvenir shop and see a friend buy many souvenirs. Ask which item is for whom.

② You seek your friend's advice on what to buy as a souvenir.

CARD B

II Talking about souvenirs at a souvenir shop

① A foreign friend sees you buy many things at a souvenir shop. Answer his/her questions.

② Give your friend some advice on what to buy as a souvenir.

GRAMMAR NOTES

1. Giving (something)

Two important points should be noted for expressions of giving. First, the Japanese verbs that mean 'give' make two distinctions which the English 'give' does not, although in general the two verbs あげる and くれる correspond to the English 'give'. Second, different verb forms are used depending upon the relative social status and the うち and そと relationship among the speaker, listener, giver, and receiver (L16 GN4).

1)

GIVER (G)が　RECEIVER (R)に　SOMETHING を	さしあげる あげる やる

R's social status in relation to G	「うち」	「そと」
superior	あげる	さしあげる
equal	あげる	あげる
lower	あげる／やる	あげる

The verb あげる is used when the giver is either the speaker or an うち member, or when both the giver and the receiver are third persons. The verbs さしあげる and やる are used in the same situation as あげる. However, with さしあげる the receiver is socially superior as well as そと to the giver, and with やる the receiver is socially lower as well as うち to the giver.

2)

GIVER が RECEIVER に SOMETHING を	くださる くれる	

G's social status in relation to R	「うち」	「そと」
superior	くれる	くださる
equal	くれる	くれる
lower	くれる	くれる

The verb くれる is used when the receiver is either the speaker or an うち member. In other words, when someone gives you something, use くれる. The verb くださる is used in the same situation as くれる. With くださる, however, the giver is socially superior as well as そと to the receiver.

Though these are the basic rules you should follow when using expressions of giving, remember that they are not absolute rules and actual usage may differ, depending upon how the speaker perceives the psychological distance between the giver and the receiver. (Thus, one might use くださる for equal and そと relationships.)

In addition to these points, note that the particle に is used to indicate to whom something is given.

わたしはジョンさんにおかしをあげます。
I give John sweets.

先生にお花をさしあげます。
I give my teacher flowers.

弟にカメラをやる。
I give my younger brother a camera.

田中くんはカードをくれました。
Mr. Tanaka gave me a card.

洋子さんのお母さんが本をくださいました。
Yoko's mother gave me a book.

2. Receiving (something)

RECEIVER が GIVER	に から	SOMETHING を	いただく もらう

G's social status in relation to R	「うち」	「そと」
superior	もらう	いただく
equal	もらう	もらう
lower	もらう	もらう

The verbs もらう and いただく mean 'receive'. With いただく the giver is socially superior as well as そと to the receiver. Otherwise もらう is used. To indicate from whom something is received, namely the giver, the particles に or から are used. The particle に marks the doer, and から the source. When the source (the giver) is somewhat impersonal, the particle から is most often used.

わたしは田中くんに／からカードをもらいました。
I received a card from Tanaka.

祖母は田中くんのお母さんに／からおかしをいただきました。
My grandmother received sweets from Tanaka's mother.

リーさんは大学からしょうがくきんをもらっています。
Ms. Lee is receiving a scholarship from the university.

Usage notes

• Rhetorical questions using the negative form (see Drill 4):
In lesson 4 (GN4, Vol. 1) negative questions, such as いっしょにジョギングをしませんか, were introduced to be used in inviting someone to do something with you. In this lesson, expressions such as わたし／ぼくにトースターをくれませんか ('Won't you give me your toaster?') are used in order to indicate that the speaker is seeking a yes answer from the listener.

この本は高くありませんか。   Isn't this book expensive?

これはまちがいじゃありませんか。   Isn't this a mistake?

READING

留 学生からの投書/Letter to the Editor
りゅう　　　　　とうしょ

「留学生タイムス」
編集長へ

二月十四日、ホームステイのお父さんは、会社からたくさんのチョコレートを持って帰って来ました。お父さんは、会社の部長です。チョコレートは、部の若い女子社員がくれました。女子社員は十八人いるので、お父さんは十八このチョコレートをもらいました。

お父さんとお母さんが話していました。

「花田くんは、チョコレートを三十こももらったよ。」

「ああ、新しく入社した人ね。でも、お父さんの部の女子社員は十八人でしょう。」

「ほかの部の女子社員からももらったんだよ。どくしんで、ハンサムだからね。」

お母さんはわらいました。それから、お父さんはわたしに言いました。

「花田くんのチョコレートは外国のチョコレートで、お父さんのもらったチョコレートより大きかったよ。」

わたしはお父さんのもらったチョコレートを見てみました。お父さんのもらったチョコレートは日本のチョコレートで、あまり大きくありませんでした。お父さんは

「これが義理チョコだよ。」

と言って、私の前に十八このチョコレートをおきました。

「義理チョコ」というのは、どんなチョコレートなのでしょうか。

パメラ（フィリピン）

165

投書（とうしょ）	N	letter to the editor
編集長（へんしゅうちょう）	N	chief editor
部長（ぶちょう）	N	department head
部（ぶ）	N	department
女子社員	N	female employee
花田（はなだ）	N	pn: Hanada
入社	N	joining a company
どくしん	N	single, unmarried person
わらう	V_i	to laugh

□**読む前に**

1. 「義理」ということばを聞いたことがありますか。

2. あなたは新聞やざっしにこれまで投書したことがありますか。
   とうしょ

□**質問**
   しつもん

1. Write T (true), F (false) or ? (don't know).

   a. （　）２月14日はお父さんの誕生日なので、お父さんは会社の女子社員からチョ
       たんじょうび
       コレートをもらいました。

   b. （　）お父さんは　ほかの部の女子社員からもチョコレートをもらいました。

   c. （　）お父さんは花田くんより年上です。

   d. （　）お父さんはどくしんではないので、チョコレートを18こもらいました。

2. 花田くんの部の女子社員は18人です。花田くんはなぜ30こチョコレートをもらいまし
   たか。

3. 女子社員はなぜお父さんにチョコレートをあげたと思いますか。

□**話しましょう**

1. あなたの国ではバレンタイン・デーにどんなことをしますか。

2. 日本ではどんなことをするか日本人に聞いてみてください。

□**書きましょう**

1. これまで「義理」だと思ったことがありますか。もしあったら、説明してください。
   せつめい

WRITING
[KANJI]

お宅 (おたく): your/someone's house

お酒 (おさけ): liquor

食器 (しょっき): tableware

申す (もうす): to say (humble form of 言う)

義理 (ぎり): duty, obligation, justice

卒業する (そつぎょうする): to graduate

お客さん (おきゃくさん): visitor, guest

新しい漢字

147

ことば	れんしゅう	品
1 しなもの 品物	品 品	**くん** / **おん** しな
		いみ goods, an item
	かきじゅん	
	品 品 品 品	ヽ ロ ロ ロ 口

1 an article, goods

148

ことば	れんしゅう	台
1 さんじゅうだい 三十台・2 だいどころ 台所	台 台	**くん** / **おん** だい
		いみ a platform, counter for vehicles and machines
	かきじゅん	
		ム ム ム台 台

1 thirty (vehicles/machines)

2 a kitchen

149

ことば	れんしゅう	花
1 はな 2 か 花・花びん	花 花	**くん** / **おん** はな / か
		いみ flower, blossom
	かきじゅん	
	花 花	一 十 サ サ 芢

1 a flower, a blossom

2 a vase

150 茶

ことば	れんしゅう	茶
1 お茶（おちゃ）		くん　おん　ちゃ・さ
		いみ　tea
	かきじゅん	一 十 サ ザ ザ 茶 茶 茶 茶 茶

1 tea

151 正

ことば	れんしゅう	正
1 正しい（ただしい）　2 お正月（おしょうがつ）		くん　ただ（しい）　おん　しょう
		いみ　correct, right
	かきじゅん	一 丁 下 正 正

1 right, correct
2 New Year's Day

152 計

ことば	れんしゅう	計
1 時計（とけい）　2 計画する（けいかく）		くん　おん　けい
		いみ　to measure, to plan
	かきじゅん	言 言 言 計 一 二 言 言 言

1 a clock, a watch
2 to plan

153 長

ことば	れんしゅう	長
1 長い（ながい）　2 社長（しゃちょう）　3 学長（がくちょう）		くん　なが（い）　おん　ちょう
		いみ　long, the head (of a group)
	かきじゅん	長 長 長 ｜ 厂 F E 巨

1 long
2 the president (of a company)
3 the president (of a university)

154 員

ことば	れんしゅう	員
1 社員（しゃいん）　2 銀行員（ぎんこういん）		くん　おん　いん
		いみ　a member
	かきじゅん	員 員 員 員 員 口 口 尸 尸

1 an employee, a member of a company
2 a bank clerk

書く練習（れん）

一、どんな □（しなもの） がほしいですか。

二、□（とけい） が □（さんだい） あります。

三、□（しゃいん） は □（しゃちょう） に □（か） びんを

三、さし□（あ）げました。

四、□（なつやす）みの □（けいかく） を □（おし）えてください。

五、□（はは） は □（だいどころ） で料理しています。

六、お□（ちゃ） を □（の）みながらテレビを

七、お□（しょうがつ）の □（はな） を □（か）いました。

八、□（でんわ）で □（かんじ） を □（か）しました。

九、□（ただ）しい □（かんじ） を □（か）きましょう。

十、□（あに） は □（ぎんこういん） です。

読む練習（れん）

一、先生のお宅を訪ねました。

二、卒業した時、父から時計を
もらいました。

三、バレンタイン・デーに義理チョコを
あげます。

四、友だちのお母さんに食器と
花びんをいただきました。

五、社長は社員とお酒を飲みに
行きました。

六、お正月は、たくさんお客さんが
来ます。

七、私（わたくし）は田中と申します。

八、台所（どころ）でお茶を入れます。

九、デパートで色々（いろいろ）な品物を
買いました。

十、山田先生は、長い間、この大学の
学長でした。

LESSON 20 第二十課

LISTENING AND SPEAKING

Objectives

Requesting and expressing gratitude for assistance
Telling about kindnesses received and given

Points

- talking about doing things for others and having something done for oneself
- requesting favors
- offering and accepting favors

Sentences

1 （わたしは）リサさんに東京の地図を見せてあげました。

　（わたしは）パメラさんのために買い物に行ってあげました。

2 リーさんは（わたしのために）そうじをしてくれました。

　友だちのお母さんは（わたしのために）食事を作ってくださいました。

3 （わたしは）山本さんに東京の地図を見せてもらいました。

　（わたしは）友だちのお母さんに食事を作っていただきました。

4 後で電話してくれませんか。

　後で電話してくださいませんか。

　後で電話していただきたいんですが…。

1 いいですよ。　　　　Sure. （ドリル　I-1）

2 おそれいります。　　Thank you very much. （ドリル　I-2）

3 あの、ちょっとお願いがあるんですが…。

　　Uh, I have a little favor to ask of you... （ドリル　III）

フォーメーション

1-1 Giving (1): Doing something for someone

例）（わたし）、リサさん、地図を見せる

　　→（わたしは）リサさんに地図を見せてあげました。

　1)（わたし）、リサさん、友だちを紹介する　→

　2)（わたし）、リサさん、漢字を教える　→

　3)（わたし）、リサさん、郵便局を教える　→

　4)（わたし）、リサさん、お金を貸す　→

1-2

例）（わたし）、リーさん、地図を書く

　　→（わたしは）リーさんに地図を書いてあげます。

　1) リーさん、弟さん、本を読む　→

　2)（わたし）、ジョンさん、日本料理を作る　→

　3) ジムさん、小さい子ども、英語の歌を歌う　→

　4)（わたし）、父、セーターをあむ　→

1-3

例）（わたし）、パメラさんの荷物を持つ

　　→（わたしは）パメラさんの荷物を持ってあげました。

　1)（わたし）、パクさんの時計を直す　→

　2) ジムさん、パメラさんの宿題を手伝う　→

　3)（わたし）、ジムさんの手紙を出す　→

　4) 山本さん、リサさんの両親を案内する　→

例)（わたし）、友だち、空港まで送る

　　→ (わたしは) 友だちを空港まで送ってあげました。

1)（わたし）、友だち、車に乗せる　→

2) 鈴木さん、おばあさん、駅まで連れていく　→

3)（わたし）、留学生、うちに招待する　→

4) 鈴木さん、友だち、うちにとめる　→

1-5

例)（わたし）、パメラさん、買い物に行く

　　→ (わたしは) パメラさんのために買い物に行ってあげました。

1)（わたし）、パメラさん、先生に連絡する　→

2) 二郎くん、ジョンさん、そうじをする　→

3) わたし、リーさん、薬を買いに行く　→

4) 道子さん、パメラさん、せんたくをする　→

2　Giving (2): Someone does something for me

例)　友だちのお母さん、（わたし）、食事を作る

　　→ 友だちのお母さんは (わたしのために) 食事を作ってくださいました。

1) ルームメート、（わたし）、部屋をかたづける　→

2) リサさん、（わたし）、そうじをする　→

3) リーさん、（わたしの）妹、パーティーを計画する　→

4) パクさん、（わたしの）両親、会社を休む　→

3　Receiving: Having something done for oneself

例)（わたし）、先生、辞書を見せる

　　→ (わたしは) 先生に辞書を見せていただきました。

1)（わたし）、田中さん、町を案内する　→

2)（わたし）、ホームステイのお母さん、漢字を教える　→

3) リーさん、先生、作文を直す　→

4) パクさん、社長、ごちそうする　→

4　Requesting

例)　後で電話する

　　→ 後で電話してくれませんか。

後で電話してくださいませんか。

後で電話していただきたいんですが。

1) 荷物を運ぶ　→

2) あした4時に来る　→

3) 予定を教える　→

4) これを配達する　→
　　はいたつ

Ⅰ-1 Requesting

A：Bさん、まどを開けてくれませんか。

B：はい、いいですよ。

A：すみません。

荷物を運ぶ	ちょっと待つ
本を貸す	シャッターを押す
写真をとる	漢字を読む
漢字を教える	辞書を貸す

Ⅰ-2 Requesting politely

A：Bさん、まどを開けてくださいませんか。

B：はい。

A：おそれいります。

☆Ⅰ—1の言葉を使ってください。
　　　　ことば

Ⅱ Talking about things people do for you

A：友だちはどんなことをしてくれますか。

B：宿題を手伝ってくれます。

漢字を教える
日本の習慣を説明する
東京を案内する
日本語を直す

Ⅲ Requesting very politely

A：あの、ちょっとお願いがあるんですが…。

B：はい、何ですか。

A：<u>この機械の使い方を教え</u>ていただきたいんですが…。
　　　き かい　　つか　　かた

B：はい。

> この漢字を読む
>
> 電話を貸す
> 　　　　が
> 荷物を運ぶ
>
> 推薦状 を書く
> すいせんじょう

Ⅳ Offering and accepting a favor

A：<u>それ</u>、わたしが<u>し</u>ましょうか。

B：あっ、<u>し</u>ていただけますか。

　　ありがとうございます。

その部屋	かたづける
電話	かける
写真	とる
荷物	運ぶ

LISTENING
AND
SPEAKING

LESSON
20
第二〇課

174

CARD A

I Asking a favor

You caught a cold. You ask your roommate to do the following: 1) call the teacher and tell him/her that you cannot attend class because of illness, and 2) go to the drugstore and buy some medicine.

CARD B

I Asking a favor

Your roommate is sick and asks you some favors. You offer your help.

CARD A

II Asking someone to check a letter you wrote in Japanese

You (a foreign student) wrote a letter in Japanese. However, you are not confident about its correctness. Politely ask your Japanese teacher or a Japanese acquaintance to check the letter.

CARD B

II Asking someone to check a letter you wrote in Japanese

You are a native speaker of Japanese and are requested to check a letter written in Japanese by a foreign student. Agree to do so, but ask him/her to come back in the afternoon unless it is really urgent. Suggest 1:30 P.M. as a time to meet.

LISTENING
AND
SPEAKING

LESSON

20

第二〇課

GRAMMAR NOTES

1. Doing (favors)

The verbs discussed in the previous lesson, in addition to their primary meaning of 'give' or 'receive', are also used as auxiliaries attached to verbs in the ～て form. A sentence with the auxiliary verb あげる／くれる／くださる ('give') conveys the meaning that someone is doing a favor for someone else, and a sentence with the auxiliary verb もらう／いただく ('receive') indicates that someone is receiving a favor. These patterns are commonly used and are one of the characteristics of the Japanese language. Without these auxiliaries, sentences dealing with the doing and receiving of favors do not sound natural. The distinction between あげる／さしあげる and くれる／くださる is the same as when they are used as independent verbs (L19 GN1)

1)

| N_1 が （N_2 のために） V-てあげる | N_1 does V for the sake of N_2 |

In addition to N_1, the agent (or the doer) of the action, the sentence involves two important elements: the receiver of N_1's action and favor, which is N_2. The receiver of the action is indicated by elements incorporated in the main verb. The receiver of the favor is indicated by the phrase ～のために, which literally means 'for the sake of ～'. When あげる is used as an independent verb (L19), the receiver of N_1's action and/ or favor must be either in the second or third person. It is often the case that the beneficiary phrase ～のために is omitted to avoid redundancy when the receiver of N_1's action and N_2 are identical, unless the phrase is necessary for emphasis. The reason why ～のために is omitted, but not the other overt elements, is that ～のために sounds patronizing, and is therefore avoided primarily for politeness sake. This is indicated in the boxed sentence pattern above by putting the phrase ～のために in parentheses.

> わたしはリサさんに漢字を教えてあげました。
> I taught kanji to Lisa (for her sake).

こどもに日本の話 を読んであげました。
(I) read a Japanese story to the child (for his sake).

わたしはパメラさんの荷物を持ってあげました。
I carried Pamela's luggage (for her sake).

鈴木さんは友だちのために友だちの両親を空港まで送ってあげました。
Suzuki took the parents of his/her friend to the airport for his/her sake.

わたしはパメラさんのために買い物に行ってあげました。
I went shopping for the sake of Pamela.

2)

$$N_1 が（わたしのために／member of「うち」のために）　V-て \begin{bmatrix} くれる \\ くださる \end{bmatrix}$$

$$N_1 \text{ does V for the sake of } \begin{bmatrix} me/us \\ member(s) \text{ of うち} \end{bmatrix}$$

When the receiver of N_1's action and/or that of N_1's favor is the speaker or a member of うち, the auxiliary くれる／くださる must be used. In other words, the receivers of N_1's action and/or favor are usually understood when the auxiliary verb is くれる／くださる. This results in the tendency for the receivers of N_1's action and/or favor to be frequently omitted because they are understood from the context. Furthermore, as in the case of GN1-1, the beneficiary phrase わたしのために／member of「うち」のために is generally omitted. Thus, it often happens that the beneficiary phrase and the element which expresses the receiver of N_1's action do not appear in くれる／くださる sentences.

友だちのお母さんは食事を作ってくださいました。
The mother of my friend prepared a meal (for my sake).

ジョンさんはわたしのために妹の宿題を手伝ってくれました。
John helped my little sister with her homework for my sake.

母がこの洋服を作ってくれたんです。
Mother made me this dress (for my sake).

このセーターは姉が送ってくれました。
As for this sweater, my elder sister sent it to me (for my sake).

2. Receiving (favors)

$$N_1 が　N_2 に　（N_3 のために）　V-て \begin{bmatrix} もらう \\ いただく \end{bmatrix}$$ N_1 gets N_2 V for N_3

This pattern describes the situation from the point of view of N_1, the receiver of N_2's action, and N_1 is usually the speaker or someone that the speaker focuses on. N_2 is the agent (doer) of the action V, and N₃ is the receiver of N₂'s favor. The beneficiary Phrase 〜のために is omitted when N₁ and N₃ are identical.

わたしは山本さんに東京の地図を見せてもらいました。
I got Yamamoto to show me a map of Tokyo.

わたしは高橋さんに中村さんのためにサンドイッチを買ってきてもらいました。
I got Takahashi to go and get sandwiches for Nakamura.

READING

宅配便/Special Delivery
たくはいびん

　ヤノスさんが、大学から帰って来たら、ポストに黄色い紙が
ありました。
きいろ　かみ

ヤノス 様　　ご不在連絡票

11 月 15 日 11 時 50 分

田中 　　　様からのお荷物の
配達にまいりましたが、お留守でしたので、

☐　持ちかえりました。
　　ご都合のよい日をご連絡ください。

☑　長山 様にあずけました。

☐　きょう　　　時ごろもう一度まいります。

ICU 運送　　新宿営業所
☎　03 (3☆☆☆) 5555
午前8時から午後6時まで

ヤノスさんは、荷物をもらいに長山さんの家へ行きました。

「すみません。ヤノスです。」

返事がありませんでした。長山さんはるすでした。
へんじ

　　ヤノスさんが勉強をしていたら、だれか来ました。

「すみません。おとなりの長山さんの宅配便なんですが、あずかっていただけませんか。」

「はい、ちょっと待ってください。」

　　ヤノスさんはドアを開けました。

「すみませんが、ここにはんこをお願いします。」

「すみません。はんこはありません。」

「じゃ、サインをお願いします。どうもすみませんね。」

　　また、だれか来ました。

「長山です…。ヤノスさんの荷物、あずかっていますよ。」

「すみません。あっ、長山さんの荷物もあずかっています。」

　　ヤノスさんは　ドアを開けました。

「はい、これです。」

「あずかってくれて、どうもありがとう。あの、ヤノスさんの荷物、すみませんが、うちまで取りに来てくれませんか。」

　　ヤノスさんは荷物を取りに行きました。とても重い大きな荷物でした。

　　中はりんごと写真でした。ヤノスさんが高校生のときホームステイをしていた長野県の家族が送ってくれたのです。あまくておいしいりんごでした。長山さんにも少しあげました。
なが の けん　　　　　　　おく

宅配便（たくはいびん）	N	home delivery
ポスト	N	post
ご不在連絡票（ごふざいれんらくひょう）	N	delivery notice
配達（はいたつ）	N	delivery

まいる	V_i	humble for 行く／来る
留守（るす）	N	absence, being away from home
長山（ながやま）	N	pn: Nagayama
あずける	V_t	to have someone keep something
運送（うんそう）	N	delivery service, shipping company
営業所（えいぎょうしょ）	N	business branch office
あずかる	V_t	to keep something for someone
はんこ	N	seal
サイン	N	signature
高校生（こうこうせい）	N	high school student
長野県（ながのけん）	N	pn: Nagano Prefecture

□読む前に

「宅配便」を知っていますか。
たくはいびん　　し

□質問
しつもん

1. Write T (true), F (false) or ? (don't know).

　a.（　）11月15日の午前、ヤノスさんはうちにいませんでした。

　b.（　）11月15日の午後、長山さんはうちにいませんでした。

　c.（　）ヤノスさんははんこを持っていなかったので、荷物をもらうことができません
　　　　　でした。

　d.（　）長山さんはヤノスさんの荷物をヤノスさんのうちまで持って行ってあげました。

　e.（　）ヤノスさんは長山さんの荷物を長山さんのうちまで持って行ってあげました。

　f.（　）ヤノスさんの荷物はりんごだったので、とても重かったです。

　g.（　）ヤノスさんは高校のときから今まで日本に住んでいます。

　h.（　）ヤノスさんはりんごをあずかってもらったので、長山さんにりんごをぜんぶあ
　　　　　げました。

□話しましょう

1.（あなたは）宅配便をあずかったことがありますか。

2.（あなたは）宅配便をあずかってもらったことがありますか。

3. あなたの国にも宅配便のシステムがありますか。

□書きましょう

1.（あなたは）宅配便でだれに何を送りたいですか。
　　　　　　　　　　　　　　おく

2.（あなたは）宅配便でだれから何を送ってもらいたいですか。

WRITING
[KANJI]

読み方を覚えましょう _{かた}

直す （なおす）: to correct, repair, mend　　手伝う （てつだう）: to help

荷物 （にもつ）: load, luggage, baggage　　案内する （あんないする）: to guide, lead

願う （ねがう）: to wish, request　　説明する （せつめいする）: to explain

新しい漢字

155

ことば	れんしゅう	作

作 _{1 つく}る・作文 _{2 さくぶん}

くん: つく（る）　おん: さく

いみ to make

かきじゅん
作 ノ
作 イ
　イ
　イ
　作

1 to make
2 a composition

156

ことば	れんしゅう	開

開 _{1 ひら}く・開 _{2 あ}く・開 _{3 あ}ける

くん: ひら（く）・あ（く）・あ（ける）　おん:

いみ to open

かきじゅん
開 門 ｜
開 門 门
　門 门
　門 门
　門 门

1 to open
2 to open
3 to open

157

ことば	れんしゅう	写

写 _{1 うつ}す

くん: うつ（す）　おん: しゃ

いみ to take (a picture), to copy

かきじゅん
ノ
一
写
写
写

1 to copy, to take (a picture)

ことば	れんしゅう	真

1 しゃしん 写真・2 まなか 真ん中

くん: ま ／ おん: しん

いみ: truth

かきじゅん

真 | 眞 → 一 十 广 市 市

1 a photograph
2 the center, the middle

ことば	れんしゅう	料

1 りょうり 料理する

くん: ／ おん: りょう

いみ: materials, fee

かきじゅん

米 料 → 丶 丶 ソ 半 半

1 to cook

ことば	れんしゅう	理

1 りょうり 料理する

くん: ／ おん: り

いみ: principle

かきじゅん

理 → 一 丁 干 王 玨

1 to cook

ことば	れんしゅう	勉

1 べんきょう 勉強する

くん: ／ おん: べん

いみ: to try hard, to make an effort

かきじゅん

勉 → ⺈ ケ ⺈ 免 免

1 to study

ことば	れんしゅう	強

1 つよい 強い・2 べんきょう 勉強する

くん: つよ(い) ／ おん: きょう

いみ: strong

かきじゅん

強 弥 → 一 弓 弘 弘 弘

1 strong
2 to study

ことば	れんしゅう	地

1 ちず 地図・2 じしん 地震

くん: ／ おん: ち・じ

いみ: ground, land

かきじゅん

地 → 一 十 土 圵 地

1 a map
2 an earthquake

WRITING

LESSON **20**

第二〇課

書く練習(れん)

一、□(りょ)に□(こう)って□(しゃ)□(しん)を□(うつ)すのが好きです。

二、□(ちゅう)□(ごく)□(りょう)□(り)をよく□(つく)ります。

三、まどを□(あ)けると□(うみ)が□(み)えます。

四、□(あさ)□(はや)く□(つよ)い□(じ)震(しん)がありました。

五、たくさん□(かん)□(じ)を□(つか)います。

六、□(に)□(ほん)□(ご)の□(べん)□(きょう)は好きですか。

七、□(まい)□(にち)□(りょう)□(り)をします。

八、交番で□(ち)□(ず)を□(か)いてもらいました。

九、ドアが□(あ)いて、たくさんの□(ひと)□(びと)が□(で)てきました。

十、□(らい)□(ねん)も数学を□(べん)□(きょう)するつもりです。

読む練習(れん)

一、時計を直してあげました。

二、友だちに地図を使って説明してもらいました。

三、どうぞよろしくお願いします。

四、成田空港まで荷物を運んでもらいました。

五、山下さんを中国料理のレストランに案内しました。

六、すみませんが、少し手伝っていただけませんか。

七、図書館で作文を書きました。

八、山田さんに旅行で写した写真を見せてもらいました。

九、音楽を聞きながら勉強するのが好きです。

十、暑いので、まどを開けてくださいませんか。

APPENDICES

ROLEPLAYS

I

わたしは○○です。◇◇の△△から来ました。▽▽大学の3年生で、政治を専攻していますが、ことしの9月から1年間ICUに留学しています。将来べんごしになりたいです。今はICUで日本語を勉強しています。日本にいるあいだ、いろいろなことをしたいです。本を読むのが好きですが、スポーツも好きです。今は大学のそばに住んでいます。小さいアパートですが、どうぞ、来てください。まだ結婚していません。どうぞよろしく。

II

はじめまして。わたしは○○です。どうぞよろしく。わたしは▽▽大学の3年生ですが、ことしの7月からICUで勉強しています。家族は5人です。みんな△△に住んでいます。先学期は日本語と◇◇をとりました。今学期は日本語のほかに、3つクラスをとっているので、毎日とてもいそがしいです。どうぞよろしく。

III

A：もしもし、○○さんのお宅ですか。
B：はい、そうですが。
A：わたしはICUのAですが、◇◇さんをお願いします。
B：◇◇は今出かけていますが。
A：そうですか。 それでは、また後でお電話します。 失礼します。

IV

A：もしもし、○○さんのお宅ですか。
B：はい、そうです。

A：わたしは ICU の A です[1]が、◇◇さんをお願いします。

B：はい、少々お待ちください[2]。（◇◇、A さんからお電話ですよ。）

V

A：もしもし、○○さんのお宅ですか。

B：はい、そうですが。

A：わたしは ICU の A ですが、B さんをお願いします。

B：わたし／ぼくです。こんにちは。

A：ああ、B さんですか。 あしたですが・・・10時に三鷹駅です。 いいですか。

B：10時に三鷹駅ですね。 いいですよ。 じゃ、あした。 どうもありがとう。

　　　☆★☆

A：もしもし、○○さんのお宅ですか。

B：はい、そうですが。

A：わたしは ICU の A ですが、B さんをお願いします。

B：わたしよ／ぼくだよ。 こんにちは。

A：ああ、B さん？ あしただけど・・・10時に三鷹駅。 いい？

B：10時に三鷹駅ね。 いいよ。 じゃ、あした。 どうもありがとう。

Expressions

1	わたしは ICU の A ですが・・・。	I'm A from ICU.
2	はい、少々お待ちください。	Just a minute, please.

Vocabulary

お宅	おたく	N	someone else's home
それでは	それでは	Conj	so, then
後で	あとで	Adv	later on
少々	しょうしょう	Adv	a little, a bit
こんにちは	こんにちは		Hello. Hi.
～年生	～ねんせい		freshman, sophomore, junior, senior
留学（する）	りゅうがく（する）	N, V	studying abroad, to study abroad
色々	いろいろ	AN	varied, various
みんな	みんな	N	everyone

先学期	せんがっき	N	last term/semester
今学期	こんがっき	N	this term/semester
ほかに（〜のほかに）	ほかに	Adv	in addition to, besides

第12課 Lesson 12

I

A：今学期はどんなクラスをとっているのですか。

B：日本語だけです。

A：日本語だけですか。

B：ええ、でも毎日クイズがあって勉強がたいへんです。

A：1日にどのくらい勉強していますか。

B：5時間から6時間です。

☆★☆

A：今学期はどんなクラスをとってるの¹？

B：日本語だけ。

A：日本語だけ？

B：ん。でも、毎日クイズがあって勉強がたいへんなの／たいへんなんだ。

A：1日にどのくらい勉強してる？

B：5時間から6時間。

II

A：今度の休みに北海道に行こうと思います。

B：そうですか。北海道でどんなことがしたいですか。

A：友だちと会ったり、ホームステイをしたりしたいと思います。

B：いいですね。あっ、そうそう、夜は寒いかもしれないから、コートかジャケットがいるでしょうね。

A：わかりました。北海道に行くとき、ジャケットを持って行きます。

Expressions

1　今学期はどんなクラスを<u>とっているの</u>？
　Colloquial, feminine form of のです

Vocabulary

だけ	だけ	P	only
クイズ	クイズ	N	quiz, short test
コート	コート	N	coat
ジャケット	ジャケット	N	jacket

第13課 <ruby>だい<rt></rt></ruby> Lesson 13

I

A：こんにちは。　ひさしぶりですね[1]。

B：こんにちは。　元気ですか[2]。

A：元気ですよ。　○○さん、日本語がじょうずになりましたね。

B：ええ、少しわかるようになったと思います。　前は日本語がぜんぜん話せませんでした
が、今は少し話せるようになりました。

A：そうですか。　がんばってください[3]。

B：はい、がんばります[3]。

　　☆★☆

A：こんにちは。　ひさしぶりね／ひさしぶりだね。

B：こんにちは。　元気？

A：元気よ／元気だよ。○○さん／○○くん、日本語がじょうずになったわね／なったね。

B：うん、少しわかるようになったと思うわ／思うよ。　前は日本語がぜんぜん話せなかっ
たけど、今は少し話せるようになったわ／なったよ。

A：そう。　がんばってね／がんばって。

B：ん、がんばる。

II

A：すみません。　アルバイトをしたいんですが。

B：どうぞ、こちらへ[4]。　どうぞ座ってください。　お名前は？

A：○○です。

B：大学生ですね。

A：そうです。

B：コンピュータが使えますか。

Ａ：はい。使えます。

Ｂ：日本語を読んだり書いたりできますか。

Ａ：読めますが、まだ書けません。

Ｂ：何曜日に働けますか。

Ａ：月曜日と土曜日は働けます。

Ｂ：いつから始められますか。

Ａ：いつからでも始められます。

Ｂ：そうですか。では、後で連絡しますから、ここに名前と電話番号を書いてください。

Ａ：はい。

Expressions

1	ひさしぶりですね。	I haven't seen you for quite a while.
2	元気ですか。	How are you?
3	Ａ：がんばってください。	Keep up the good work.
	Ｂ：はい、がんばります。	Yes, I will.
4	どうぞ、こちらへ	This way please.

Vocabulary

いつからでも　いつからでも　　　Adv'l　(I can start it) anytime

第14課　Lesson 14

I

Ａ：今度の週末にいっしょに食事に行きませんか。

Ｂ：食事ですか。 いいですよ。

Ａ：土曜日と日曜日と、どちら（のほう）が都合がいいですか。

Ｂ：日曜のほうがいいです。 土曜はちょっといそがしいかもしれませんから。

Ａ：どこがいいですか。

Ｂ：○○はどうですか。

Ａ：いいですね、じゃ、そうしましょう。 ところで、日本の食べ物は好きですか。

Ｂ：ええ、好きです。 おすしもてんぷらも好きです。

Ａ：そうですか。 じゃ、おすしにしましょう。

☆★☆

A：今度の週末にいっしょに食事に行かない？

B：食事？　いいわよ／いいよ。

A：土曜日と日曜日と、どっち（のほう）が都合がいい？

B：日曜のほうがいい。　土曜はちょっといそがしいかもしれないから。

A：どこがいい？

B：○○はどう？

A：いいわね／いいね、じゃ、そうしましょう／そうしよう。ねえ[1]、日本の食べ物好き？

B：ん、好きよ／好きだよ。　おすしもてんぷらも好き。

A：そう？　じゃ、おすしにしましょう／しよう。

II

A：どうしたの。

B：頭が痛くて、のども痛いの／んだ。

A：ねつは？

B：ちょっとあるの／ちょっとある。

A：せきは出る？

B：ううん。出ない。

A：かぜだと思うわ／思うよ。薬を飲んで寝ていたほうがいいわよ／いいよ。お大事に。

III

わたしの町は人口が３万です。東京よりずっと小さいです。ですから、東京より静かで、公園もたくさんあります。店や会社は東京ほど多くありません。でも、東京は交通が便利で、映画館やデパートがたくさんあって、にぎやかです。人が多くて、おもしろいこともたくさんあります。わたしは東京が好きです。

Expressions

1	ねえ、日本の食べ物好き？	Say, you like Japanese food?

Vocabulary

ところで	ところで	Conj	by the way
どっち	どっち	N	which (*coll. form of* どちら)

せき　　　　せき￢　　　　　　　N　　　cough

ですから　　ですから　　　　　Conj　　therefore

第15課　Lesson 15
（だい）（か）

I

A：○○さんはディズニーランドへ行ったことがありますか。

B：アメリカのディズニーランドへは行ったことがありますが、東京のへはまだです。行ってみたいと思っています。
（い）（とうきょう）（い）（おも）

A：いっしょに行きませんか。
（い）

B：いいですね。　いつにしますか。

A：来週の月曜日はどうですか。
（らいしゅう）（げつようび）

B：いいですよ。何時にどこで会いましょうか。　　　B：月曜日は授業があって・・・。
（なんじ）（あ）　　　　　　　　　　　　　　　　　　（げつようび）（じゅぎょう）
　　　　　　　　　　　　　　　　　　　　　　　　火曜日はどうですか。
　　　　　　　　　　　　　　　　　　　　　　　　（かようび）

A：2時に三鷹駅で会いましょう。　　　　　　　　A：じゃ、火曜日にしましょう。
（じ）（みたかえき）（あ）　　　　　　　　　　　　　　　　（かようび）
　　　　　　　　　　　　　　　　　　　　　　　　2時に三鷹駅で会いましょう。
　　　　　　　　　　　　　　　　　　　　　　　　（じ）（みたかえき）（あ）

B：2時に三鷹駅ですね。楽しみにしています[1]。　B：はい。楽しみにしています[1]。
（じ）（みたかえき）（たの）　　　　　　　　　　　　　　　（たの）

☆★☆

A：○○さんはディズニーランドに行ったこと（が）ある？

B：アメリカのディズニーランドへは行ったこと（が）あるけど、東京のへはまだ。行ってみたいって思って（い）るけど。
（い）（とうきょう）（い）（おも）

A：いっしょに行かない？
（い）

B：いいわね／いいね。　いつにする？

A：来週の月曜日はどう？
（らいしゅう）（げつようび）

B：いいわね／いいね。何時にどこで会いま　　　B：月曜日は授業があって・・・。火曜日
（なんじ）（あ）　　　　　　　　　　　　　　　（げつようび）（じゅぎょう）　　　（かようび）
しょうか／会おうか。　　　　　　　　　　　はどう？
（あ）

A：2時に三鷹駅で会いましょう／会おう。　　　A：じゃ、火曜日にしましょう／しよう。
（じ）（みたかえき）（あ）　　　　　　　　　　　　　　　（かようび）
　　　　　　　　　　　　　　　　　　　　　　　2時に三鷹駅で会いましょう／会お
　　　　　　　　　　　　　　　　　　　　　　　（じ）（みたかえき）（あ）　　　　（あ）
　　　　　　　　　　　　　　　　　　　　　　　う。

B：2時に三鷹駅ね／三鷹駅だね。　　　　　　　B：うん。楽しみにしてる。
（じ）（みたかえき）（みたかえき）　　　　　　　　　　　　（たの）
楽しみにして（い）るわ／（い）るよ[1]。
（たの）

A：あした野球を見に行きませんか。

B：すみません。 行きたいんですが、あしたはいそがしくて・・・。

A：じゃ、あさっては？

B：あ、あさって。 いいですよ。

Expressions

1　楽しみにしています。　　　　　　　　I'm looking forward to it.

第16課 Lesson 16

I —

A：すみません。

B：はい。 何ですか。

A：電車の中にかばんを忘れたんですが。

B：どんなかばんですか。

A：青いのです。

B：中に何が入っていますか。

A：黒いかさが入っています。 それから、ノートや本や辞書も入っています。

B：そうですか。 では、調べて連絡しますから、ここに名前とじゅうしょを書いてください。

A：よろしくお願いします[1]。

II —

A：写真ですか。見せてください。

B：どうぞ。 これは父と母といっしょに京都に旅行したときの写真です。

A：お父さんはどの方ですか。

B：このぼうしをかぶっているのが父、その横にいるのが母です。

A：お父さんの後ろにいる方はどなたですか。

B：京都で会った人です。

A：そうですか。

☆★☆

Ａ：写真？　見せて。

Ｂ：どうぞ。これは父と母といっしょに京都に旅行したときの写真。

Ａ：お父さんはどのかた？

Ｂ：このぼうしをかぶって（い）るのが父、その横にいるのが母。

Ａ：お父さんの後ろにいる方は、どなた？

Ｂ：京都で会った人。

Ａ：そう。

Expressions

1　よろしくお願いします。　　　　　　　　Thank you (for whatever you can do).

Vocabulary

ノート	ノート	N	notebook
じゅうしょ	じゅうしょ	N	address
どの	どの	Dem. M	which
方	かた	N	*honorific for* ひと: person
どなた	どなた	N	who (*polite form*)

第17課　Lesson 17

Ｉ

Ａ：○○さんのうちでもいろいろなきまりがあるでしょう。　このうちはもんげんが11時です。　おそくなるときは、電話してください。

Ｂ：はい。

Ａ：晩ご飯は、わたしが作りますが、朝は自分で作って食べていってください。

Ｂ：れいぞうこの中の物を使ってもいいですか。

Ａ：いいですよ。　おふろは夜、9時から11時までに入ってください。

Ｂ：シャワーを使ってもいいですか。

Ａ：いいですが、長いあいだ使わないでください。

A：寮のきそくについて、何か質問がありますか。

B：この寮ではそうじをしなくてはいけないんですか。

A：そうです。自分の部屋と、トイレやふろのそうじもしなくてはいけません。

B：あのう・・・もんげんですが[1]・・・何時までに帰らなくてはいけませんか。

A：月曜から金曜までは10時、週末は11時までに帰らなくてはいけません。

B：部屋で料理をしてもいいですか。

A：いいえ、部屋で料理してはいけません。　料理は台所でお願いします。

B：あのう・・・部屋に友だちを連れてきてもいいですか。

A：女の人ならいいですが、男の人はいけません。

☆★☆

A：寮のきそくについて、何か質問ある？

B：この寮ではそうじをしなくてはいけないんですか。

A：そう。自分の部屋と、トイレやふろのそうじもする。

B：あのう・・・もんげんですが・・・何時までに帰らなくてはいけませんか。

A：月曜から金曜までは10時、週末は11時まで。

B：部屋で料理をしてもいいですか。

A：部屋はだめ。台所でやって。

B：あのう・・・部屋に友だちを連れてきてもいいですか。

A：女の人ならいいけど、男の人はだめ。

A：そう。

Expressions

1　あのう・・・もんげんですが・・・。　　　　Uh,...about the curfew....

Vocabulary

きまり	きまり	N	rule, arrangement
自分で	じぶんで	Adv'l	by oneself
きそく	きそく	N	rule, regulations
～について	について	Adv'l	with respect to ～, about ～
質問（する）	しつもん（する）	N, V	question, to ask a question
だめ	だめ	AN	no good, impossible
台所	だいどころ	N	kitchen

I

A：どう行ったらいいですか¹。　○○から行くんですが。

B：△△に乗ります。　快速に乗ったら、30分くらいかかりますが、特別快速だったら、20分くらいです。　◇◇駅に着いたら、西口に出てください。

A：西口ですね。

B：ええ、駅に着いたら、電話してください。

☆★☆

A：どう行ったらいい？　○○から行くんだけど。

B：△△に乗って、快速に乗ったら、30分くらいかかるけど、特別快速だったら、20分くらいよ／くらいだ。　◇◇駅についたら、西口に出て。

A：西口ね／西口だね。

B：うん、駅に着いたら、電話して。

II

A：休みはこみますから、予約したほうがいいでしょう。

B：電車で行きますか、飛行機にしますか。

A：飛行機の予約が取れたら、飛行機にしましょう。もし取れなかったら、電車を予約しましょう。

B：もし飛行機も電車もだめだったら、旅行はやめましょう。

Expressions

1	どう行ったらいいですか。	How do I get there?

Vocabulary

快速	かいそく	N	express
特別快速	とくべつかいそく	N	special express
西口	にしぐち	N	west entrance
だめ	だめ	AN	no good, impossible

I

A：○○さんの国ではクリスマスにおくりものをします¹か。

B：ええ、家族や友だちにプレゼントをもらったりあげたりします。

A：去年はどんな物をもらいましたか。

B：母からセーターをもらいました。父からはカメラをもらいました。

A：どんな物をあげましたか。

B：父と母には映画のきっぷをあげました。それから弟にはCDをあげました

II

A：たくさん買いましたね。それは全部おみやげですか。

B：ええ。これは寮のルームメートに、これは○○さんに、それからこれは父と母に。

A：これはだれにあげるのですか。

B：それはクラブの友だちにあげます。

A：ぼくも、先生に何かあげたいんですが、何がいいでしょうか。

B：そうですね…。おかしをあげたらどうでしょう²。

☆★☆

A：たくさん買いましたね。それ、全部おみやげですか。

B：ん。これは寮のルームメートに、これは○○さんに、それからこれは父と母に。

A：これはだれにあげるんですか。

B：それはクラブの友だち。

A：ぼくも、先生に何かあげたいんですが、何がいいでしょうか。

B：そうね。おかしをあげたらどう。

Expressions

1	○○さんの国ではクリスマスにおくりものをしますか。	Do you give gifts at Christmas in your country?
2	おかしをあげたらどうでしょう。	How about giving them some sweets?

Vocabulary

クリスマス	クリスマス	N	Christmas
プレゼント	プレゼント	N	present, gift

おくりもの	おくりもの	N	present, gift
カメラ	カメラ	N	camera
全部	ぜんぶ	N	all

第20課 Lesson 20

I

☆★☆

A：Ｂさん、お願いがあるんだけど・・・

B：どうしたの？　気分が悪いの？

A：そうなの。　悪いけど[1]、○○先生に電話して、きょうは病気で休むって言ってくれない？

B：いいわよ。　薬はあるの？

A：ないから、かぜ薬も買ってきてくれない？

B：わかった。ほかに何か買ってくる物ある？

A：みかんがあったら買ってきて。

B：ん。じゃ、行ってくる。

II

A：あのちょっとお願いがあるんですが・・・

B：はい、何ですか。

A：日本語で手紙を書いたんですが、日本語が心配です。　それで、日本語を直していただきたいんですが・・・

B：いいですよ。急いでいますか。

A：いいえ。

B：じゃ、午後もう一度来てくれますか。

A：はい、わかりました。

B：時間は、そうですですねえ、1時半はどうですか。

A：はい、けっこうです[2]。よろしくお願いいたします。

Expressions

1	悪いけど、○○先生に電話して、きょうは病気で休むって言ってくれない？	Sorry, but do me a favor and...
2	はい、けっこうです。	That's fine (with me).

Vocabulary

気分	きぶん	N	feeling, mood
かぜ薬	かぜぐすり	N	cold medicine
ほかに	ほかに	Adv	else, in addition
心配（する）	しんぱい（する）	N, V	worry, to worry
急ぐ	いそぐ	V	to hurry
もう一度	もういちど	Adv'l	once more, again

Word Lists

L2 Numbers, from 1 to 10000

1	いち	30	さんじゅう	200	にひゃく
2	に	40	よんじゅう	300	さんびゃく
3	さん	50	ごじゅう	400	よんひゃく
4	し／よん	60	ろくじゅう	500	ごひゃく
5	ご	70	ななじゅう	600	ろっぴゃく
6	ろく	80	はちじゅう	700	ななひゃく
7	しち／なな	90	きゅうじゅう	800	はっぴゃく
8	はち	100	ひゃく	900	きゅうひゃく
9	く／きゅう	101	ひゃくいち	1000	せん
10	じゅう	102	ひゃくに	2000	にせん
11	じゅういち	103	ひゃくさん	3000	さんぜん
12	じゅうに	104	ひゃくし／	4000	よんせん
13	じゅうさん		ひゃくよん	5000	ごせん
14	じゅうし／	105	ひゃくご	6000	ろくせん
	じゅうよん	106	ひゃくろく	7000	ななせん
15	じゅうご	107	ひゃくしち／	8000	はっせん
16	じゅうろく		ひゃくなな	9000	きゅうせん
17	じゅうしち／	108	ひゃくはち	10000	いちまん
	じゅうなな	109	ひゃくきゅう		
18	じゅうはち	110	ひゃくじゅう		
19	じゅうく／				
	じゅうきゅう				
20	にじゅう				

L2 Time

1時　いちじ	8時　はちじ
2時　にじ	9時　くじ
3時　さんじ	10時　じゅうじ
4時　よじ	11時　じゅういちじ
5時　ごじ	12時　じゅうにじ
6時　ろくじ	1時半　いちじはん
7時　しちじ／ななじ	
何時　なんじ	

L2 Day of the week

Sunday	Monday	Tuesday	Wednesday	Thursday	Friday	Saturday
日曜日	月曜日	火曜日	水曜日	木曜日	金曜日	土曜日

What day of the week
何曜日

L2 Prices

1円　いちえん	10円　じゅうえん
2円　にえん	⋮
3円　さんえん	
4円　よえん	100円　ひゃくえん
5円　ごえん	⋮
6円　ろくえん	
7円　ななえん	1000円　せんえん
8円　はちえん	⋮
9円　きゅうえん	10000円　いちまんえん
何円　なんえん	
いくら	

L 3 Time: Minutes

1分	いっぷん	11分	じゅういっぷん	30分	さんじゅっぷん／さんじっぷん
2分	にふん	12分	じゅうにふん	40分	よんじゅっぷん／よんじっぷん
3分	さんぷん	13分	じゅうさんぷん	50分	ごじゅっぷん／ごじっぷん
4分	よんぷん	14分	じゅうよんぷん	60分	ろくじゅっぷん／ろくじっぷん
5分	ごふん	15分	じゅうごふん		
6分	ろっぷん	16分	じゅうろっぷん		
7分	ななふん	17分	じゅうななふん		
8分	はっぷん／はちふん	18分	じゅうはっぷん／じゅうはちふん		
9分	きゅうふん	19分	じゅうきゅうふん		
10分	じゅっぷん／じっぷん	20分	にじゅっぷん／にじっぷん	何分	なんぷん

L 4 Time Spans

1時間	いちじかん
2時間	にじかん
3時間	さんじかん
4時間	よじかん
5時間	ごじかん
6時間	ろくじかん
7時間	ななじかん／しちじかん
8時間	はちじかん
9時間	くじかん
10時間	じゅうじかん
11時間	じゅういちじかん
12時間	じゅうにじかん
何時間 どのくらい	なんじかん

L 4 Months

1月	いちがつ
2月	にがつ
3月	さんがつ
4月	しがつ
5月	ごがつ
6月	ろくがつ
7月	しちがつ
8月	はちがつ
9月	くがつ
10月	じゅうがつ
11月	じゅういちがつ
12月	じゅうにがつ
何月	なんがつ

L4 Dates

1日	ついたち		16日	じゅうろくにち
2日	ふつか		17日	じゅうしちにち
3日	みっか		18日	じゅうはちにち
4日	よっか		19日	じゅうくにち
5日	いつか		20日	はつか
6日	むいか		21日	にじゅういちにち
7日	なのか		22日	にじゅうににち
8日	ようか		23日	にじゅうさんにち
9日	ここのか		24日	にじゅうよっか
10日	とおか		25日	にじゅうごにち
11日	じゅういちにち		26日	にじゅうろくにち
12日	じゅうににち		27日	にじゅうしちにち
13日	じゅうさんにち		28日	にじゅうはちにち
14日	じゅうよっか		29日	にじゅうくにち
15日	じゅうごにち		30日	さんじゅうにち
			31日	さんじゅういちにち

何日	なんにち

L6 Counters-1

	～枚	～台	～人	～さつ	～本	～こ	～ひき	～つ
1	いちまい	いちだい	ひとり	いっさつ	いっぽん	いっこ	いっぴき	ひとつ
2	にまい	にだい	ふたり	にさつ	にほん	にこ	にひき	ふたつ
3	さんまい	さんだい	さんにん	さんさつ	さんぼん	さんこ	さんびき	みっつ
4	よんまい	よんだい	よにん	よんさつ	よんほん	よんこ	よんひき	よっつ
5	ごまい	ごだい	ごにん	ごさつ	ごほん	ごこ	ごひき	いつつ
6	ろくまい	ろくだい	ろくにん	ろくさつ	ろっぽん	ろっこ	ろっぴき	むっつ
7	ななまい	ななだい	ななにん／しちにん	ななさつ	ななほん	ななこ	ななひき	ななつ
8	はちまい	はちだい	はちにん	はっさつ	はっぽん	はっこ	はっぴき	やっつ
9	きゅうまい	きゅうだい	きゅうにん／くにん	きゅうさつ	きゅうほん	きゅうこ	きゅうひき	ここのつ
10	じゅうまい	じゅうだい	じゅうにん	じゅっさつ／じっさつ	じゅっぽん／じっぽん	じゅっこ／じっこ	じゅっぴき／じっぴき	とお
?	なんまい	なんだい	なんにん	なんさつ	なんぼん	なんこ	なんびき	いくつ

L7 Counters-2

1) days ～日	2) weeks ～週間	3) months ～か月	4) years ～年	5) how often ～回
1 いちにち	いっしゅうかん	いっかげつ	いちねん	いっかい
2	にしゅうかん	にかげつ	にねん	にかい
3	さんしゅうかん	さんかげつ	さんねん	さんかい
4	よんしゅうかん	よんかげつ	よねん	よんかい
5	ごしゅうかん	ごかげつ	ごねん	ごかい
6 the same as days	ろくしゅうかん	ろっかげつ	ろくねん	ろっかい
7 of the month	ななしゅうかん	ななかげつ	しちねん／ ななねん	ななかい
8	はっしゅうかん	はっかげつ	はちねん	はっかい
9	きゅうしゅうかん	きゅうかげつ	きゅうねん	きゅうかい
10	じゅっしゅうかん／ じっしゅうかん	じゅっかげつ／ じっかげつ	じゅうねん	じゅっかい／ じっかい
? なんにち	なんしゅうかん	なんかげつ	なんねん	なんかい

L16 Family Terms

わたしの～　my～	someone's～
父（ちち）	お父さん（おとうさん）
母（はは）	お母さん（おかあさん）
兄（あに）	お兄さん（おにいさん）
姉（あね）	お姉さん（おねえさん）
弟（おとうと）	弟さん
妹（いもうと）	妹さん
おじ	おじさん
おば	おばさん
そふ	おじいさん
そぼ	おばあさん
子ども（こども）	お子さん／子どもさん
むすこ	むすこさん
むすめ	むすめさん
しゅじん／おっと	ごしゅじん
かない／つま	おくさん

New Vocabulary and Expressions

第11課	Lesson 11

Word	Pronunciation (with accents)	Part of Speech	Meaning
SENTENCES			
政治	せいじ	N	politics
山田	やまだ	N	*pn:* Yamada
打つ	うつ	CV : V_t	to type
もう	もう	Adv	already
まだ	まだ	Adv	not yet
（〜ている）あいだ	あいだ		*see GN*
フォーメーション			
電話（する）	でんわ（する）	N, IV : V_i	telephone, to call, phone
練習（する）	れんしゅう（する）	N, IV : V_i	practice, to practice
デート（する）	デート（する）	N, IV : V_i	date, to make/have a date
歴史	れきし	N	history
研究（する）	けんきゅう（する）	N, IV : V_t	research, to do research
使う	つかう	CV : V_t	to use
オフィス	オフィス	N	office
コース	コース	N	course
とる	とる	CV : V_t	to take (courses)
めがね	めがね	N	eyeglasses
かける	かける	VV : V_t	to put on/wear glasses
マリー	マリー	N	*pn:* Marie
結婚（する）	けっこん（する）	N, IV : V_i	marriage, to get married
出かける	でかける	VV : V_i	to go out

夏休み	なつやすみ	N	summer vacation
住む	すむ	CV : V$_i$	to live, reside
課 (この課)	か	N	lesson
言葉	ことば	N	word(s), language
覚える	おぼえる	VV : V$_t$	to learn, remember, memorize

ドリル

お客さん	おきゃくさん	N	guest, customer
さがす	さがす	CV : V$_t$	to look for, search
かぶる	かぶる	CV : V$_t$	to put on (a hat, a cap), to cover oneself
アクセサリー	アクセサリー	N	accessories
はめる	はめる	VV : V$_t$	to put on (a wristwatch, a ring)
ネクタイ	ネクタイ	N	necktie
上着	うわぎ	N	jacket, blazer, etc.
着る	きる	VV : V$_t$	to put on (jacket, T-shirt)
セーター	セーター	N	sweater
ブラウス	ブラウス	N	blouse
Tシャツ	ティーシャツ	N	T-shirt
ジーンズ	ジーンズ	N	jeans
ズボン	ズボン	N	trousers
はく	はく	CV : V$_t$	to put on (shoes, socks, pants)
スカート	スカート	N	skirt
スニーカー	スニーカー	N	sneaker(s)
ちがう	ちがう	CV : V$_i$	to be different
が (はい、Bですが)	が	P	*sentence ending, softener*
また	また	Adv	again
後で	あとで	Adv	later on

第12課 <ruby>第<rt>だい</rt></ruby>12<ruby>課<rt>か</rt></ruby>　Lesson 12

SENTENCES

〜たり	たり		*see GN*
〜以上	いじょう	Adv	more than
かかる	かかる	CV : V$_i$	cost (*money*), take (*time*)
〜かもしれない	かもしれない		*see GN*
と（と思う）	と		*see GN*
思う	おもう	CV : V$_i$	to think
来年	らいねん	N, Adv	next year
中国語	ちゅうごくご	N	Chinese (language)
習う	ならう	CV : V$_t$	to learn from/study under someone
〜とき	とき		*see GN*
船	ふね	N	boat, ship

フォーメーション

冬休み	ふゆやすみ	N	winter vacation
国	くに	N	homeland, birthplace, nationality
晴れる	はれる	VV : V$_i$	to clear up
病気	びょうき	N	illness
テニスコート	テニスコート	N	tennis court
セミナー	セミナー	N	seminar
くもり	くもり	N	cloudy
富士山	ふじさん	N	*pn:* Mount Fuji
ホームステイ (する)	ホームステイ （する）	N, IV : V$_i$	homestay, to stay in someone's home
始める	はじめる	VV : V$_t$	to begin, start
よく	よく	Adv	well
つく	つく	CV : V$_i$	to arrive, reach

ドリル

たぶん	たぶん	Adv	probably

風	かぜ	N	wind
強い	つよい	Adj	powerful, strong
ガイドブック	ガイドブック	N	guidebook
話	はなし	N	talk, story
売る	うる	CV : V$_t$	to sell
おみやげ	おみやげ	N	souvenir, small gift
沖縄	おきなわ	N	*pn*: Okinawa
とる	とる	CV : V$_t$	to take (pictures)
のぼる	のぼる	CV : V$_i$	climb

第13課　Lesson 13
だい　か

SENTENCES

できる	できる	VV : V$_i$	to be able to
～ことができる	ことができる		*see GN*
こむ	こむ	CV : V$_i$	to get crowded
座る	すわる	CV : V$_i$	to sit
どこへでも	どこへでも		*see GN*
～ようになった	ようになった		*see GN*
～ながら	ながら		*see GN*

フォーメーション

ドイツ語	ドイツご	N	German (language)
かなり	かなり	Adv	quite (a lot), rather, very
早く	はやく	Adv	early, soon, quickly
つかれる	つかれる	VV : V$_i$	to get tired
こまる	こまる	CV : V$_i$	to have/get into trouble
スーパーマーケット	スーパーマーケット	N	supermarket
国立図書館	こくりつとしょかん	N	national library
入る（へやに）	はいる	CV : V$_i$	to enter
最近	さいきん	Adv, N	recently, lately, these days
さしみ	さしみ	N	SASHIMI, raw sliced fish
地下鉄	ちかてつ	N	subway
歩く	あるく	CV : V$_i$	to walk

働く	は<u>たらく</u>	CV : V_i	to work, labor
たいへん	たいへん	AN	serious, terrible, hard, difficult
もんげん	も<u>んげん</u>	N	curfew
それで	それで	Conj	so, then
アナウンス（する）	ア<u>ナウンス</u>（する）	N, V	announcement, to make an announcement

第14課 だい か Lesson 14

SENTENCES

に（～に行く）	に	P	*destination marker:* to
オーストラリア	オ<u>ーストラリア</u>	N	*pn:* Australia
より	より		*see GN*
ほど（＋neg）	ほど		*see GN*
どちら	<u>どちら</u>	Ques, N	which
のほうが	のほうが		*see GN*
飲み物	の<u>みもの</u>	N	drink, beverage
の中で	のなかで	Adv'l	among
一番	い<u>ちばん</u>、い<u>ちばん</u>	N, Adv	number one, the ～est
薬	く<u>すり</u>	N	medicine
～ほうがいい	<u>ほうがいい</u>		*see GN*
ひく（かぜを）	ひ<u>く</u>	CV : V_t	to catch (cold)
～ので	ので		*see GN*

フォーメーション

香港	<u>ほんこん</u>	N	*pn:* Hong Kong
人口	じ<u>んこう</u>	N	population
ずっと	ずっと	Adv	much, far (*with a comparative*)
都合	つ<u>ごう</u>	N	circumstances, (at one's) convenience
ステーキ	ス<u>テーキ</u>	N	steak
ねつ	ねつ<u></u>	N	fever
アイスクリーム	ア<u>イスクリーム</u>	N	ice cream

ドリル

S 席	エスせき	N	S seating (*the most expensive*)
席	せき	N	seat
B 席	ビーせき	N	B seating
札幌	さっぽろ	N	*pn:* Sapporo
新町	しんまち	N	*pn:* Shinmachi
北町	きたまち	N	*pn:* Kitamachi
同じ	おなじ	AN	same
西町	にしまち	N	*pn:* Nishimachi
中町	なかまち	N	*pn:* Nakamachi
東町	ひがしまち	N	*pn:* Higashimachi
南町	みなみまち	N	*pn:* Minamimachi
水	みず	N	water
肉	にく	N	meat
魚	さかな	N	fish
くだもの	くだもの	N	fruit
いちご	いちご	N	strawberry
みかん	みかん	N	tangerine
パイナップル	パイナップル	N	pineapple
バナナ	バナナ	N	banana
色	いろ	N	color
赤	あか	N	red
白	しろ	N	white
黄色	きいろ	N	yellow
黒	くろ	N	black
青	あお	N	blue
みどり	みどり	N	green
だいじょうぶ	だいじょうぶ	AN	all right, OK
（お）ふろ	（お）ふろ	N	bath
入る（おふろに）	はいる	CV : Vᵢ	to take a bath
のど	のど	N	throat
歯	は	N	tooth

SENTENCES

～ていく	ていく		*see GN*
歌舞伎	かぶき	N	KABUKI (a form of stage drama)
～てみる	てみる		*see GN*
～ことがある	ことがある		*see GN*
～つもり	つもり		*see GN*

フォーメーション

～てくる	てくる		*see GN*
予習（する）	よしゅう（する）	N, IV : V$_t$	preparation for lesson, to prepare one's lesson
コート	コート	N	coat
借りる	かりる	VV : V$_t$	to borrow
調べる	しらべる	VV : V$_t$	to investigate
着物	きもの	N	kimono
浅草	あさくさ	N	*pn:* Asakusa
日本料理	にほんりょうり	N	Japanese cuisine, food
名前	なまえ	N	name
ひっこす	ひっこす	CV : V$_i$	to move in/out
ことし	ことし	N	this year
これから	これから	Adv	from now on

ドリル

すもう	すもう	N	SUMO
野球	やきゅう	N	baseball
いけばな	いけばな	N	flower arrangement
やきもの	やきもの	N	pottery
書道	しょどう	N	SHODO, calligraphy
おり紙	おりがみ	N	ORIGAMI, folded paper art
おる	おる	CV : V$_t$	to fold
空手	からて	N	KARATE
東京ディズニーランド	とうきょうディズニーランド	N	*pn:* Tokyo Disneyland

春休み	はるやすみ	N	spring vacation
秋休み	あきやすみ	N	autumn vacation
中村	なかむら	N	*pn:* Nakamura
ボーイフレンド	ボーイフレンド	N	boyfriend
ガールフレンド	ガールフレンド	N	girlfriend
デザート	デザート	N	dessert
ケーキ	ケーキ	N	cake

第16課 だい か Lesson 16

SENTENCES

も（3つも）	も	P	*particle denoting a greater quantity than expected*
けれども	けれども		*see GN*
ねむい	ねむい	Adj	sleepy

フォーメーション

立つ	たつ	CV : V_i	to stand
洗う	あらう	CV : V_t	to wash
～さい	さい	Quant	～years old
祖母	そぼ	N	my grandmother
祖父	そふ	N	my grandfather
おじ	おじ	N	my uncle
おば	おば	N	my aunt
母	はは	N	my mother
父	ちち	N	my father
弟	おとうと	N	my younger brother
妹	いもうと	N	my younger sister
姉	あね	N	my elder sister
兄	あに	N	my elder brother
おばあさん	おばあさん	N	(someone's) grandmother, an old lady
おじいさん	おじいさん	N	(someone's) grandfather
おじさん	おじさん	N	(someone's) uncle
おばさん	おばさん	N	(someone's) aunt

お母さん	おかあさん	N	(someone's) mother, Mom
お父さん	おとうさん	N	(someone's) father, Dad
弟さん	おとうとさん	N	(someone's) younger brother
妹さん	いもうとさん	N	(someone's) younger sister
お姉さん	おねえさん	N	(someone's) older sister
お兄さん	おにいさん	N	(someone's) older brother
お子さん	おこさん	N	(someone's) child

ドリル

茶色	ちゃいろ	N	brown
ビニール	ビニール	N	soft plastic, vinyl
入る	はいる	CV : V$_i$	to be accommodated in
クリス	クリス	N	*pn*: Chris
どの	どの	Ques	which
心	こころ	N	mind, heart
ハンサム	ハンサム	AN	handsome
かみ	かみ	N	hair
金持ち	かねもち	N	rich person
びんぼう	びんぼう	N, AN	poor
思いやり	おもいやり	N	consideration, thoughtfulness
ユーモア	ユーモア	N	a sense of humor

第17課 だい か Lesson 17

SENTENCES

～てもいい	てもいい		*see GN*
～なくてもいい	なくてもいい		*see GN*
～てはいけない	てはいけない		*see GN*
～なくてはいけない	なくてはいけない		*see GN*
までに	までに		*see GN*

フォーメーション

やめる	やめる	VV : V$_t$	to quit
手書き	てがき	N	handwritten
おくれる	おくれる	VV : V$_i$	to be late

ぬぐ	ぬぐ	CV : V$_t$	to take off (*clothing*)
入口	いりぐち	N	entrance, doorway
復習（する）	ふくしゅう（する）	N, IV : V$_t$	review, to review
〜なくちゃ	なくちゃ	*see GN*	
〜なきゃ	なきゃ	*see GN*	
トイレ	トイレ	N	bathroom, toilet
返す	かえす	CV : V$_t$	to return (*something*)

ドリル

ノート	ノート	N	notebook
サンドイッチ	サンドイッチ	N	sandwich
けど	けど	Conj	but
スーツ	スーツ	N	suit
たばこ	たばこ	N	cigarette
すう（たばこを）	すう	CV : V$_t$	to smoke
サボる	サボる	CV : V$_t$	to cut class (from "saboter" Fr.)
あさって	あさって	N, Adv	the day after tomorrow
めんせつ（する）	めんせつ（する）	N, IV : V$_t$	interview(s), to interview
招待状	しょうたいじょう	N	invitation letter(s) / card(s)
いんさつ（する）	いんさつ（する）	N, IV : V$_t$	printing, to print

第18課 だい か　Lesson 18

SENTENCES

〜方	かた	N	way of 〜ing
〜たら	たら		*see GN*
もし	もし	Adv	if
〜ても	ても		*see GN*
〜かどうかわからない	かどうかわからない		*see GN*

フォーメーション

引く（じしょを）	ひく	CV : V$_t$	to look up, consult (a dictionary)
必要	ひつよう	AN	necessary
さわぐ	さわぐ	CV : V$_i$	to make noise

すく（おなかが）	すく	CV : V$_i$	to get empty/hungry
先に	さきに	Adv	ahead
卒業（する）	そつぎょう（する）	N, IV : V$_i$	graduation, to graduate
タクシー	タクシー	N	taxi
訪ねる	たずねる	VV : V$_t$	to pay a visit
るす	るす	N	absence, being away from home
サッカー	サッカー	N	soccer
試合	しあい	N	match, game
予約（する）	よやく（する）	N, V$_i$	reservation, to reserve
とまる	とまる	CV : V$_i$	to spend the night

ドリル

サイクリング	サイクリング	N	cycling
しゅうしょく（する）	しゅうしょく（する）	N, IV : V$_i$	employment, to get employment
まよう	まよう	CV : V$_i$	to get lost, lose one's way
質問（する）	しつもん（する）	N, V$_i$	question, to ask a question
入れる	いれる	VV : V$_t$	to put into
ボタン	ボタン	N	button
押す	おす	CV : V$_t$	to push
受話器	じゅわき	N	telephone receiver
取る	とる	CV : V$_t$	to get
なくす	なくす	CV : V$_t$	to lose
聞こえる	きこえる	VV : V$_i$	to be audible
見える	みえる	VV : V$_i$	to be visible
考える	かんがえる	VV : V$_t$	to think
決める	きめる	VV : V$_t$	to decide
ミーティング	ミーティング	N	meeting

第19課 だい か　Lesson 19

SENTENCES

チョコレート	チョコレート	N	chocolate
あげる	あげる	VV : V$_t$	to give someone (a gift)
山本	やまもと	N	*pn:* Yamamoto
スカーフ	スカーフ	N	scarf

さしあげる	さしあげる	VV : V$_t$	*honorific for* あげる: to give
～くん	くん	Suf	*familiar term of address used with men's/boys' names*
くれる	くれる	VV : V$_t$	to give (me, us)
くださる	くださる	CV : V$_t$	*humble for* くれる
もらう	もらう	CV : V$_t$	to receive
洋子	ようこ	N	*pn:* Yoko (*female*)
いただく	いただく	CV : V$_t$	*humble for* もらう: to receive

フォーメーション

社長	しゃちょう	N	president of a company
カード	カード	N	card

ドリル

すてき	すてき	AN	beautiful, fantastic, terrific
ハンドバッグ	ハンドバッグ	N	handbag, purse
誕生日	たんじょうび	N	birthday
クリスマス	クリスマス	N	Christmas
正月	しょうがつ	N	the New Year
入学（する）	にゅうがく（する）	N, IV : V$_i$	entrance, to enter (school)
おいわい	おいわい	N	celebratory gift, celebration
食器	しょっき	N	dishes
台所用品	だいどころようひん	N	kitchen utensils, kitchenware
花びん	かびん	N	vase
電気製品	でんきせいひん	N	electric appliances
ペン	ペン	N	pen
トースター	トースター	N	toaster
こたつ	こたつ	N	KOTATSU, low table with a heating element under it
電気ストーブ	でんきストーブ	N	electric heater
ぼく	ぼく	N	I, me (*male*)
お宅	おたく	N	someone else's home
申します	もうします	CV : V$_i$	*humble for* 言う
取りに来る	とりにくる		to come and get

SENTENCES

リサ	リサ	N	*pn*: Lisa
地図	ちず	N	map
〜てあげる	てあげる		*see GN*
パメラ	パメラ	N	*pn*: Pamela
〜ために	ために		*see GN*
〜てくれる	てくれる		*see GN*
〜てくださる	てくださる		*see GN*
〜てもらう	てもらう		*see GN*
〜ていただく	ていただく		*see GN*
〜てくれませんか	てくれませんか		*see GN*
〜てくださいませんか	てくださいませんか		*see GN*
〜ていただきたいんですが	ていただきたいんですが		*see GN*

フォーメーション

紹介（する）	しょうかい（する）	N, IV : V$_t$	introduction, to introduce
あむ	あむ	CV : V$_t$	to knit
直す	なおす	CV : V$_t$	to repair, fix (e.g., a clock)
手伝う	てつだう	CV : V$_t$	to help, lend a hand
案内（する）	あんない（する）	N, IV : V$_t$	guidance, to guide, show
送る	おくる	CV : V$_t$	to see someone off, take/escort someone someplace
のせる	のせる	VV : V$_t$	to place 〜 on, carry, give a ride to
連れていく	つれていく	CV : V$_t$	to take (someone) along
招待（する）	しょうたい（する）	N, IV : V$_t$	invitation, to invite
とめる	とめる	VV : V$_t$	to put someone up for the night
二郎	じろう	N	*pn*: Jiro (*male*)
ルームメート	ルームメート	N	roommate
かたづける	かたづける	VV : V$_t$	to tidy up
計画（する）	けいかく（する）	N, IV : V$_t$	plan, to plan
直す	なおす	CV : V$_t$	to correct (e.g., a composition)
ごちそう（する）	ごちそう（する）	N, IV	entertainment, to entertain, treat (a person to something)

ドリル			
荷物	にもつ	N	baggage, bundle
運ぶ	はこぶ	CV : V_t	to carry
シャッター	シャッター	N	shutter
習慣	しゅうかん	N	custom, habit
説明（する）	せつめい（する）	N, IV : V_t	explanation, to explain
(お)願いがある	(お)ねがいがある		to ask a favor, make a request
きかい	きかい	N	machine
推薦状	すいせんじょう	N	letter of recommendation

Vocabulary in Order of Fifty Syllabary

アイシーユー [ICU] International Christian University, L2

アイスクリーム ice cream, L14

あいだ [間] between, L9

(～ている) あいだ see GN, L11

あう [会う] to see, meet, L3

あお [青] blue, L14

あおい [青い] blue, L6

あか [赤] red, L14

あかい [赤い] red, L5

あかるい [明るい] clear, bright, L5

あきこ [明子] pn: Akiko (female), L9

あきはばら [秋葉原] pn: Akihabara, L4

あきやすみ [秋休み] autumn vacation, L15

アクセサリー accessories, L11

あける [開ける] to open, L9

あげる to give to someone else (as a gift), L19

あさ [朝] morning, L3

あさくさ [浅草] pn: Asakusa, L15

あさごはん [朝ご飯] breakfast, L3

あさって the day after tomorrow, L17

あした tomorrow, L3

あそこ that place over there, L6

あそぶ [遊ぶ] to enjoy oneself, L8

あたたかい warm, L6

あたま [頭] head, L8

あたらしい [新しい] new, L5

あつい [暑い] hot (air, weather), L5

あつい hot (thing), L8

あとで [後で] later on, L11

アナウンス(する) announcement, to make an announcement, L13

あなた you, L1

あに [兄] my elder brother, L16

あね [姉] my elder sister, L16

あの that ～ over there, L2

アパート apartment, apartment house, L4

あびる to pour over oneself, L10

あまり (＋neg) not very (with negative predicate), L7

あむ to knit, L20

あめ [雨] rain, L10

アメリカ pn: U.S.A., L1

あらう [洗う] to wash, L16

ある to exist (inanimate), L6

ある to have, L10

あるいて [歩いて] on foot, L3

あるく [歩く] to walk, L13

アルバイト (する) part-time job, to work part-time, L6

あれ that (far from speaker and hearer), L1

あんぜん [安全] safe, secure, L5

あんない (する) [案内 (する)] guidance, to guide, show, L20

いい good, L4

いいえ no, L1

いう [言う] to say, L9

いかが polite for どう : how, L7

イギリス pn: England, U.K., L2

いく [行く] to go, L3

いくつ how many, L6

いくら how much, L2

いけばな flower arrangement, L15

いしゃ [医者] doctor, L8

～いじょう [以上] more than, L12

いす chair, L6

いそがしい busy, L9

いたい [痛い] to hurt, L8

いただく humble for もらう: to receive, L19

いちご strawberry, L14

いちばん [一番] number one, the ～est, L14

いつ when, L3

いっしょに together, L4
いっぱい full, L7
いつも always, L3
いなか the country(side), hometown, L10
いぬ [犬] dog, L6
いま [今] now, L2
いもうと [妹] my younger sister, L16
いもうとさん [妹さん] (someone's) younger sister, L16
いや disagreeable, unpleasant, distasteful, L5
いりぐち [入口] entrance, doorway, L17
いる to exist (*animate*), L6
いる to need, L8
いれる [入れる] to put into, enter, L18
いろ [色] color, L14
いんさつ（する） printing, to print, L17
いんしょうてき impressive, L10

うえ [上] on, over, above, L9
うしろ [後ろ] in back of, behind, L9
うた [歌] song, L7
うたう [歌う] to sing, L7
うち home, L3
うつ [打つ] to type, L11
うみ [海] sea, ocean, L8
うる [売る] to sell, L12
うるさい noisy, pesky, bothersome, L9
うわぎ [上着] jacket, blazer, etc., L11
うんてん（する）[運転（する）] driving, to drive, L9
うんどう（する）[運動（する）] exercise, athletics, sports, to do exercise, L10

え painting, L9
えいが [映画] movie, L3
えいがかん [映画館] movie theater, L6
えいご [英語] English (language), L4
ええ yes, yeah, L1
えき [駅] (train) station, L6
エスせき [S席] S seating (the most expensive), L14
えはがき picture postcard, L4
〜えん [〜円] en, yen, L2
えん [円] yen, L8
えんぴつ pencil, L6

おいしい delicious, L5
おいわい celebratory gift, celebration, L19
おおい [多い] many, lots of, much, L5
おおきい [大きい] big, L5
おおさか [大阪] *pn*: Osaka, L10
オーストラリア *pn*: Australia, L14
おかあさん [お母さん] (someone's) mother, Mom, L16
おかし snacks, sweets, L2
おきなわ [沖縄] *pn*: Okinawa, L12
おきゃくさん [お客さん] guest, customer, L11
おきる [起きる] to get up, wake up, L3
おく to put, place, L9
おくる [送る] to send, L4
おくる [送る] to see someone off, take/escort someone someplace, L20
おくれる to be late, L17
おこさん [お子さん] (someone's) child, L16
おしえる [教える] to teach, tell, L4
おじ my uncle, L16
おじいさん (someone's) grandfather, L16
おじさん (someone's) uncle, L16
おす [押す] to push, L18
おそい late, L9
おそく late, L9
おたく [お宅] someone else's home, L19
おつり change, L8
おとうさん [お父さん] (someone's) father, Dad, L16
おとうと [弟] my younger brother, L16
おとうとさん [弟さん] (someone's) younger brother, L16
おなか stomach, L7
おなじ [同じ] same, L14
おにいさん [お兄さん] (someone's) older brother, L16
おねえさん [お姉さん] (someone's) older sister, L16
おば my aunt, L16
おばあさん (someone's) grandmother, an old lady, L16
おばさん (someone's) aunt, L16
オフィス office, L11
おぼえる [覚える] to learn, remember, memorize, L11

おみやげ souvenir, small gift, L12
おもい ［重い］ heavy, L10
おもいやり ［思いやり］ consideration, thoughtfulness, L16
おもう ［思う］ to think, L12
おもしろい interesting, L5
およぐ ［泳ぐ］ to swim, L3
おりがみ ［おり紙］ ORIGAMI, folded paper art, L15
おる to fold, L15
おわる ［終わる］ to finish, L10
おんがく ［音楽］ music, L3
おんせん ［温泉］ hot spring, L10

〜か ［課］ Lesson 〜, L1
か *question marker*, L1
か or, L6
か ［課 (この課)］ lesson, L11
が *subject marker*, L5
が but *see GN*, L6
が *sentence ending: softener*, L11
カード card, L19
ガールフレンド girl friend, L15
〜かい ［〜回］ 〜 time(s), L7
がいこく ［外国］ foreign country, L6
がいこくじん ［外国人］ foreigner, L6
ガイドブック guidebook, L12
かいもの (する) ［買い物 (する)］ shopping, to shop, L3
かいわ ［会話］ conversation, L2
かう ［買う］ to buy, L3
かう to keep (pets), L9
かえす ［返す］ to return (something), L17
かえり ［帰り］ return, homecoming, L10
かえる ［帰る］ to go home, return, L3
かおる *pn*: Kaoru (*female*), L9
かかる cost (money), take (time), L12
かぎ key, L1
かく ［書く］ to write, L3
がくせい ［学生］ student(s), L1
かける to make (a phone call), L9
かける to lock, L9
かける to put on/wear (glasses), L11
〜かげつ ［〜か月］ 〜 month(s), L7
かさ umbrella(s), L1
かす ［貸す］ to lend, L4

かぜ a cold, L8
かぜ ［風］ wind, L12
かぞく ［家族］ family, L4
ガソリン・スタンド gas station, L9
〜かた ［方］ way of 〜ing, L18
かたづける to tidy up, L20
〜がつ ［〜月］ month, L4
がっこう ［学校］ school, L10
〜かどうかわからない *see GN*, L18
かなり quite (a lot), rather, very, L13
(お)かね ［(お) 金］ money, L9
かねもち ［金持ち］ rich person, L16
かばん bag, L1
かびん ［花びん］ vase, L19
かぶき ［歌舞伎］ KABUKI (a form of stage drama), L15
かぶる to put on (the head), cover oneself, L11
かみ ［紙］ paper, L6
かみ hair, L16
ガム chewing gum, L2
カメラや ［カメラ屋］ camera shop, L9
〜かもしれない *see GN*, L12
かようび ［火曜日］ Tuesday, L2
から from, L2
から *see GN*, L9
カラー color, L6
からて ［空手］ KARATE, L15
かりる ［借りる］ to borrow, L15
かるい ［軽い］ light (*weight*), L10
カレンダー calendar, L9
かんがえる ［考える］ to think, L18
かんコーヒー canned coffee drink, L6
かんこく ［韓国］ *pn*: South Korea, L1
かんじ ［漢字］ kanji, L2
かんたん simple, easy, L5

きいろ ［黄色］ yellow, L14
きかい ［機械］ machine, L20
きく ［聞く］ to listen, hear, L3
きく ［聞く］ to ask, L4
きこえる ［聞こえる］ to be audible, L18
きたない dirty, unclean, L5
きたまち ［北町］ *pn*: Kitamachi, L14
きちじょうじ ［吉祥寺］ *pn*: Kichijoji, L2
きちんと neatly, L9

きっさてん ［喫茶店］ coffee shop, L3
きって ［切手］ (postage) stamp, L6
きっぷ ticket, L8
きのう yesterday, L3
きぶん ［気分］ feeling, mood, L8
キム *pn*: Kim, L7
きめる ［決める］ to decide, L18
きもち ［気持ち］ feeling, L8
きもの ［着物］ kimono, L15
きゅうしゅう ［九州］ *pn*: Kyushu, L4
きょう today, L3
きょうと ［京都］ *pn*: Kyoto, L10
きらい to dislike, L7
きる ［着る］ to put on (jacket, T-shirt), L11
きれい pretty, beautiful, clean, L5
きをつける ［気をつける］ to be careful, L9
きんじょ ［近所］ neighborhood, L6
きんようび ［金曜日］ Friday, L2
ぎんこう ［銀行］ bank, L2

くうき ［空気］ air, L5
くうこう ［空港］ airport, L6
くすり ［薬］ medicine, L14
くださる *humble for* くれる, L19
くだもの fruit, L14
くつ shoe(s), L8
くに ［国］ country, L1
くに ［国］ homeland, birthplace, nationality, L12
くもり cloudy, L12
くらい ［暗い］ dark, L5
ぐらい about, L7
クラス class, L3
クラブ club, L6
クリス *pn*: Chris, L16
クリスマス Christmas, L19
クリニック clinic(s), L8
くる ［来る］ to come, L3
くるま ［車］ car, L5
くれる to give (me, us), L19
くろ ［黒］ black, L14
くろい ［黒い］ black, L5
〜くん *familiar term of address used with men's/boys' names*, L19

けいかく（する）［計画（する）］ plan, to plan, L20
けいざい ［経済］ economics, L1
ケーキ cake, L15
けさ this morning, L3
けしき scenery, L10
けしゴム ［消しゴム］ eraser, L6
けす ［消す］ to turn off, L9
けっこん（する）［結婚（する）］ marriage, to get married, L11
げつようび ［月曜日］ Monday, L2
けん *pn*: Ken (*male*), L9
けど but, L17
けれども *see GN*, L16
けんきゅう（する）［研究（する）］ research, to do research, L11
げんき ［元気］ fine, well, in good spirits, L8

〜こ *counter for small objects*, L6
こうえん ［公園］ park, L6
こうちゃ ［紅茶］ black tea, L3
こうつう ［交通］ traffic, transportation, L5
こうばん ［交番］ KOBAN, police box, L6
こえ ［声］ voice, L9
コース course, L11
コート coat, L15
コーヒー coffee, L2
コーラ cola, L3
こくりつとしょかん ［国立図書館］ national library, L13
ここ here, L6
ごご ［午後］ p.m., afternoon, L2
こころ ［心］ mind, heart, L16
ごぜん ［午前］ a.m., morning, L2
こたつ KOTATSU, low table with a heating element under it, L19
ごちそう（する）entertainment, to entertain, treat (a person to something), L20
こと thing (*abstract*), L9
ことがある *see GN*, L15
ことができる *see GN*, L13
ことし this year, L15
ことば ［言葉］ word(s), language, L11
こども ［子ども］ child(ren), L4
この this, L2
このあたり in this vicinity, L9
ごはん ［ご飯］ (cooked) rice, meal, L3

コピー（する）copy, to copy, L9
こまる to have/get into trouble, L13
ごみ trash, L9
こむ to get crowded, L13
これ this (*close to the speaker*), L1
これから from now on, L15
〜ごろ at about (*time*), L6
コンサート concert, L2
こんしゅう［今週］this week, L4
こんど［今度］this/next 〜, L8
こんばん［今晩］this evening, L3
コンパクト compact, L8
コンピュータ computer, L6

サービス service, L10
〜さい years old, L16
さいきん［最近］recently, lately, these days, L13
サイクリング cycling, L18
さいふ wallet, purse, L8
さかな［魚］fish, L14
さがす to look for, search, L11
さきに［先に］ahead, L18
さくぶん［作文］composition, essay, L2
（お）さけ［（お）酒］sake, L8
さしあげる *honorific for* あげる: to give, L19
さしみ SASHIMI, raw sliced fish, L13
〜さつ *counter for books*, L6
サッカー soccer, L18
ざっし magazine, L2
さっぽろ［札幌］*pn*: Sapporo, L14
さとう［佐藤］*pn*: Sato, L5
サボる to cut class, L17
さむい［寒い］cold (*air, weather*), L9
さわぐ to make noise, L18
〜さん Mr./ Mrs./ Ms., L1
サンドイッチ sandwich, L17
ざんねん too bad, a pity, L8
さんぽ（する）walk, stroll, to go for a walk, L10

〜じ［〜時］〜 o'clock, L2
しあい［試合］match, game, L18
シーディー［CD］CD, compact disc, L8
シーディープレーヤー［CD プレーヤー］CD

player, L9
ジーンズ jeans, L11
しか（＋*neg*）*with negative predicate*: nothing but, L6
じかん［時間］time, L2
〜じかん［〜時間］hour, L4
じかん［時間（がある）］time, L7
しけん（する）［試験（する）］test, exam, to give a test, L9
しごと（する）［仕事（する）］job, work, to work, L5
じしょ［辞書］dictionary, L1
しずか［静か］quiet, L5
した［下］under, beneath, below, L9
しつもん（する）［質問（する）］question, to ask a question, L18
じてんしゃ［自転車］bicycle, L3
しぬ［死ぬ］to die, L3
じぶん［自分］oneself, L9
しめる［閉める］to close, L9
シャッター shutter, L20
しゃしん［写真］photograph, L4
しゃちょう［社長］president of a company, L19
シャワー shower, L10
〜しゅうかん［〜週間］〜 week(s), L7
しゅうかん［習慣］custom, habit, L20
しゅうしょく（する）employment, to get employment, L18
ジュース juice, L3
しゅうまつ［週末］weekend, L4
じゅぎょう［授業］class, L10
しゅくだい［宿題］homework, assignment, L8
じゅわき［受話器］telephone receiver, L18
じゅんび（する）［準備（する）］preparations, to get ready for, L10
しょうかい（する）［紹介（する）］introduction, to introduce, L20
しょうがつ［正月］the New Year, L19
じょうず good at, skillful, L7
しょうたい（する）［招待（する）］invitation, to invite, L20
しょうたいじょう［招待状］invitation letter(s)/card(s), L17
しょうらい［将来］future, L8

ジョージ *pn*: George, L1

ジョギング jogging, L4

しょくじ（する）［食事（する）］meal, to dine, eat a meal, L8

しょくどう［食堂］dining hall, L1

しょっき［食器］dishes, L19

しょどう［書道］SHODO, calligraphy, L15

ジョン *pn*: John, L1

しらべる［調べる］to investigate, L15

しろ［白］white, L14

しろい［白い］white, L5

じろう［二郎］*pn*: Jiro (*male*), L20

しろくろ［白黒］black and white, L6

しんかんせん［新幹線］bullet train, L5

しんじゅく［新宿］*pn*: Shinjuku, L2

しんせつ［親切］kind, L5

しんせん fresh, L10

しんぶん［新聞］newspaper, L2

しんまち［新町］*pn*: Shinmachi, L14

〜じん［人］people from 〜, L1

じんこう［人口］population, L14

すいえい［水泳］swimming, L6

すいせんじょう［推薦状］letter of recommendation, L20

すいようび［水曜日］Wednesday, L2

すう to smoke, L17

スーツ suit (*clothes*), L17

スーパー supermarket, L6

スーパーマーケット supermarket, L13

スカート skirt, L11

スカーフ scarf, L19

すき［好き］to like, L7

スキー ski, L7

すきやき SUKIYAKI, beef and vegetable stew, L8

すく to get empty/hungry, L18

すくない［少ない］few, L5

すし SUSHI, raw fish on rice, L7

すしや［すし屋］SUSHI restaurant, L9

すずき［鈴木］*pn*: Suzuki, L7

ずっと much, far (*with a comparative*), L14

ステーキ steak, L14

すてき beautiful, fantastic, terrific, L19

ステレオ stereo, L8

ストーブ heater, L9

スニーカー sneaker(s), L11

すばらしい marvelous, wonderful, L10

スピーカー speaker, L9

スピーチコンテスト speech contest(s), L8

スポーツ sport(s), L7

ズボン trousers, L11

スミス *pn*: Smith, L1

すむ［住む］to live, reside, L11

すもう SUMO, L15

する to do, L3

すわる［座る］to sit, L13

せいかく accurate, L10

せいかつ（する）［生活（する）］life, living, to live, L5

せいじ［政治］politics, L11

セーター sweater, L11

せがたかい［せが高い］tall (*of a person*), L5

せがひくい［せが低い］short (*of a person*), L5

せき［席］seat, L14

せつめい（する）［説明（する）］explanation, to explain, L20

ぜひ by all means, L8

せまい small, narrow, L5

セミナー seminar, L12

せんこう［専攻］major (field of study), L1

せんしゅう［先週］last week, L4

せんせい［先生］professor, teacher, L1

ぜんぜん（＋*neg*）never, L7

せんたく（する）laundry, to do laundry, L9

せんとう public bath, L9

そう so, L1

そうじ（する）cleaning, to clean, vacuum, L9

そこ that place, there (*by hearer*), L6

そつぎょう（する）［卒業（する）］graduation, to graduate, L18

その that〜, L2

そば beside, close to, L9

そば SOBA, Japanese buckwheat noodles, L8

そふ［祖父］my grandfather, L16

そぼ［祖母］my grandmother, L16

それ that (*close to the hearer*), L1

それに also, moreover, besides, what's more, L5

それから and then, L3

それで so, then, L13

だ *see GN*, L8

〜たい *see GN*, L8

タイ *pn*: Thailand, L10

〜だい［〜台］*counter for machines (e.g., TV)*, L6

だい〜［第〜］the 〜st/nd/rd/th, L1

だいがく［大学］university, L1

タイご［タイ語］Thai language, L5

だいじょうぶ all right, OK, L14

たいてい usually, L7

だいどころようひん［台所用品］kitchen utensils, kitchenware, L19

たいへん serious, terrible, hard, difficult, L13

たかい［高い］high, expensive, L5

たくさん a lot of, L7

タクシー taxi, L18

だす［出す］to put out, L9

だす［出す］to post/mail (letter), L9

たずねる［訪ねる］to pay a visit, L18

たつ［立つ］to stand, L16

たてもの［建物］building, L5

たなか［田中］*pn*: Tanaka, L1

たのしい［楽しい］pleasant, happy, delightful, L10

たばこ cigarette, L17

たぶん probably, L12

たべもの［食べ物］food, L5

たべる［食べる］to eat, L3

〜ために（人のために）*see GN*, L20

〜たら *see GN*, L18

〜たり *see GN*, L12

だれ who, L1

だれか someone, L4

たんじょうび［誕生日］birthday, L19

ちいさい［小さい］small, L5

チェン *pn*: Chang, Cheng, Chen, L4

ちかてつ［地下鉄］subway, L13

ちがう to be different, L11

ちず［地図］map, L20

ちち［父］my father, L16

（お）ちゃ［（お）茶］green tea, tea, L3

ちゃいろ［茶色］brown, L16

ちゅうごく［中国］*pn*: China, L1

ちゅうごくご［中国語］Chinese (language), L12

チョコレート chocolate, L19

ちょっと a little, L8

〜つ *counter for small objects*, L6

つかう［使う］to use, L11

つかれる to get tired, L13

つぎ［次］next, L10

つく to arrive, reach, L12

つくえ desk, L6

つくる［作る］to make, L4

つける to turn on, L9

つごう［都合］circumstances, (at one's) convenience, L14

つまらない dull, boring, tedious, L5

つめたい［冷たい］cold (*thing*), L6

つもり *see GN*, L15

つよい［強い］powerful, strong, L12

つれていく［連れていく］to take (someone) along, L20

て［手］hand, L3

で in, by (means of), L1

で *marker for place of action*: at, in, on, L3

で *see GN*, L10

〜てあげる *see GN*, L20

〜ていく *see GN*, L15

ディスコ disco, L7

ティーシャツ［Tシャツ］T-shirt, L11

〜ていただきたいんですが *see GN*, L20

〜ていただく *see GN*, L20

〜ていただけませんか would you 〜?, L29

デート（する）date, to make/have a date, L11

テープ audio/video tape, L3

テーブル table, L6

テープレコーダー tape recorder, L4

てがき［手書き］handwritten, L17

でかける［出かける］to go out, L11

てがみ［手紙］letter, L4

〜てから *see GN*, L10

できる to be able to, L13
〜てくださいませんか see GN, L20
〜てくださる see GN, L20
〜てくる see GN, L15
〜てくれませんか see GN, L20
〜てくれる see GN, L20
デザート dessert, L15
デザイン design, L10
でしょう see GN, L2
でしょう (↗) tag question, said with rising intonation, L10
です see GN, L1
テスト test, examination, L2
てつだう [手伝う] to help, lend a hand, L20
テニス tennis, L3
テニスコート tennis court, L12
デパート department store, L3
〜てはいけない see GN, L17
〜てみる see GN, L15
〜ても see GN, L18
でも but, L5
でも or something, L8
〜てもいい see GN, L17
〜てもらう see GN, L20
〜てもらえませんか see GN, L20
（お）てら Buddhist temple, L10
でる [出る] to come out, L8
でる [出る] to attend (class), L8
テレビ television, L3
てんき [天気] weather, L5
でんき [電気] lights, electricity, L9
でんきストーブ [電気ストーブ] electric heater, L19
でんきせいひん [電気製品] electric appliances, L19
でんしゃ [電車] (electric) train, L4
でんち battery, L2
てんぷら TEMPURA, deep fried fish and vegetables, L8
でんわ（する）［電話（する）］telephone, to call, phone, L11
でんわばんごう [電話番号] telephone number, L5

と and, L2
と door, L9

と（と思う）see GN, L12
ドイツご [ドイツ語] German (language), L13
トイレ bathroom, toilet, L17
どう how, L5
とうきょう [東京] pn: Tokyo, L2
とうきょうディズニーランド 東京ディズニーランド pn: Tokyo Disneyland, L15
どうぶつえん [動物園] zoo, L6
トースター toaster, L19
〜とき see GN, L12
ときどき [時々] sometimes, L7
とくい good at (about someone's specialty), L7
どくしょ（する）［読書（する）］reading, to read (books) for enjoyment, L7
とけい [時計] watch, clock, L9
どこ where, L3
どこか somewhere, L4
どこへでも see GN, L13
どこへも（+neg）see GN, L4
とこや barber, barbershop, L9
としょかん [図書館] library, L1
どちら which, L14
とても very, L5
となり next door (to), L9
どの which, L16
どのくらい how many times, how much, how many hours, etc., L4
とまる to spend the night, L18
とめる to put someone up for the night, L20
ともだち [友だち] friend, L3
どようび [土曜日] Saturday, L2
ドライブ（する）drive, to go for a drive, L7
とりにくる [取りに来る] to come and get, L19
ドリル drill, L1
とる [取る] to make (a copy), L9
とる to take (courses), L11
とる to take (pictures), L12
とる [取る] to get, L18
どれ which, L1
どんな what kind of, L5

ない（ある）see GN, L10

ナイフ knife, L3
なおす ［直す］ to repair, fix, L20
なおす ［直す］ to correct (composition), L20
なか ［中］ in, L9
なかまち ［中町］ *pn*: Nakamachi, L14
なかむら ［中村］ *pn*: Nakamura, L15
ながい ［長い］ long, L10
〜ながら *see GN*, L13
〜なきゃ *see GN*, L17
なくす to lose, L18
〜なくちゃ *see GN*, L17
〜なくてはいけない *see GN*, L17
〜なくてもいい *see GN*, L17
なぜ why, L8
なつやすみ ［夏休み］ summer vacation, L11
なに ［何］ what, L3
なにか ［何か］ something, L4
なにも (＋*neg*) ［何も］ *see GN*, L4
なまえ ［名前］ name, L15
ならう ［習う］ to learn from/study under
　someone, L12
なる to become, L8
なん←なに ［何］ what, L1
なんがつ ［何月］ what month, L4
なんじ ［何時］ what time, L2
なんじかん ［何時間］ how long ＝ how many
　hours, L4
なんにち ［何日］ what day of the month/
　how many days, L4
なんぶん ［何分］ how many minutes, L3
なんようび ［何曜日］ what day of the week,
　L2

に *time marker*: at, L3
に *destination marker*: to, L3
に *indirect object marker*, L4
に *marker showing place of existence*: in, at,
　on, L6
に per, L7
に (なる) *see GN*, L8
に *see GN*, L14
にがて poor at (about someone's weak
　point), L7
にぎやか lively, bustling, L10
にく ［肉］ meat, L14
にしまち ［西町］ *pn*: Nishimachi, L14

〜にち／か ［〜日］ day of the month/for 〜
　days, L4
にちようび ［日曜日］ Sunday, L2
にほん ［日本］ *pn*: Japan, L1
にほんご ［日本語］ Japanese (language), L1
にほんりょうり ［日本料理］ Japanese cuisine,
　food, L15
にもつ ［荷物］ baggage, bundle, L20
ニュース news, L3
にゅうがく (する) ［入学 (する)］ entrance, to
　enter (school), L19
にわ garden, L10
〜にん ［〜人］ *counter for human beings*, L6

ぬぐ to take off (clothing), L17

ね *sentence ending*: *confirming one's*
　understanding, L2
(お)ねがい ［(お)願い］ (がある) (to ask) a
　favor, (make) a request L20
ネクタイ necktie, L11
ねこ cat, L6
ねつ fever, L14
ねむい sleepy, L16
ねる ［寝る］ to go to bed, sleep, L3
〜ねん ［〜年］ 〜 year(s), L7

の *see GN*, L1
の (あかいの) *see GN*, L5
の (きくのがすき) *see GN*, L7
ノート notebook, L17
のせる to place 〜 on, carry, give a ride to,
　L20
ので *see GN*, L14
のど throat, L14
のなかで ［の中で］ among, L14
のほうが *see GN*, L14
のぼる climb, L12
のみもの ［飲み物］ drink, beverage, L14
のむ ［飲む］ to drink, L3
のりもの ［乗り物］ means of transportation,
　L5
のる ［乗る］ to get on, ride, L4

は *topic／theme marker*, *singling something*
　out for contrast, L1

は ［歯］ tooth, L14
パーティー party, L10
はい yes, L1
パイナップル pineapple, L14
はいる ［入る］ to enter, L13
はいる ［入る］ to take a bath, L14
はいる ［入る］ to be accommodated in, L16
はがき postcard, L6
はく to put (shoes, socks, pants) on, L11
パク *pn*: Park, L1
はこぶ ［運ぶ］ to carry, L20
はし chopsticks, L3
はじまる ［始まる］ to start, L3
はじめる ［始める］ to begin, start, L12
バス bus, L3
はたらく ［働く］ to work, labor, L13
はな ［花］ flower, L3
はなし ［話］ talk, story, L12
はなす ［話す］ to speak, talk, L3
バナナ banana, L14
はなや ［花屋］ flower shop, L3
はは ［母］ my mother, L16
パメラ *pn*: Pamela, L20
はめる to put (a wristwatch, a ring) on, L11
はやい ［速い］ fast, speedy, L10
はやく ［早く］ early, soon, quickly, L13
はらう ［払う］ to pay, L9
はるやすみ ［春休み］ spring vacation, L15
はれる ［晴れる］ to clear up, L12
はん ［半］ half, L2
パン bread, L3
ハンカチ handkerchief, L6
ばんごはん ［晩ご飯］ supper, dinner, L3
ハンサム handsome, L16
ハンドバッグ handbag, purse, L19
ハンバーガー hamburger, L5
パンや ［パン屋］ bakery, L9

ひ ［日］ day, L8
ひ ［火］ fire, L9
ピアノ piano, L7
ビーせき ［B 席］ B seating, L14
ビール beer, L7
ひがしまち ［東町］ *pn*: Higashimachi, L14
～ひき／びき／ぴき *counter for small animals*, L6

ひく to play (*a musical instrument*), L7
ひく to catch (cold), L14
ひく ［引く］ to look up, consult, L18
ひくい ［低い］ low, L5
ひこうき ［飛行機］ airplane, L3
びじゅつかん ［美術館］ art museum, L6
ひだり ［左］ left, L9
ひっこす to move in/out, L15
ひつよう ［必要］ necessary, L18
ビデオ video (tape), L2
ひと ［人］ person/people, L1
ビニール soft plastic, vinyl, L16
ひま free time, L10
びょういん ［病院］ hospital, L9
びょうき ［病気］ illness, L12
ひらがな hiragana, L1
ひる ［昼］ noon, L3
ビル building, L9
ひるごはん ［昼ご飯］ lunch, L3
ひろい ［広い］ spacious, roomy, L5
びんぼう poor, L16

フィルム (camera) film, L2
プール swimming pool, L2
フォーク fork, L3
フォーメーション formation (*our term for structural practice*), L1
ふく ［服］ clothes, L8
ふくしゅう(する) ［復習(する)］ review, to review, L17
ふじさん ［富士山］ *pn*: Mount Fuji, L12
ふとん FUTON, Japanese bedding, L9
ふね ［船］ boat, ship, L12
ふべん ［不便］ inconvenient, L5
ふゆやすみ ［冬休み］ winter vacation, L12
ブラウス blouse, L11
ふる ［降る］ to fall, rain, L10
ふるい ［古い］ old, L5
（お）ふろ bath, L14
～ふん／ぶん ［～分］ minute(s), L3
ぶんがく ［文学］ literature, L1
ぶんぼうぐや ［ぶんぼうぐ屋］ stationer, stationery store, L9

へ *directional marker*, L3
へた bad at, L7

ペット　pet, L9

ベッド　bed, L6

へや［部屋］room, L4

ペン　pen, L19

べんきょう（する）［勉強（する）］studies, to study, L3

べんごし　lawyer, L8

べんり［便利］convenient, L5

〜ほうがいい　*see GN*, L14

ぼうし　hat, cap, L8

ボーイフレンド　boy friend, L15

ホームステイ（する）　homestay, to stay in someone's home, L12

ボールペン　ballpoint pen, L6

ぼく　I (*male*), L19

ほしい　*see GN*, L8

ボタン　button, L18

ほっかいどう［北海道］*pn*: Hokkaido, L4

ホテル　hotel, L10

ほど（＋*neg*）*see GN*, L14

ホワイト　*pn*: White, L9

ほん［本］book(s), L1

〜ほん／ぼん／ぽん［〜本］*counter for cylindrical objects*, L6

ほんこん［香港］*pn*: Hong Kong, L14

ほんばこ［本ばこ］bookcase, L9

ほんや［本屋］bookstore, L3

〜まい［〜枚］〜 sheet(s) of, L6

まいにち［毎日］every day, L4

まえ［前］before, in front of, L2

〜ましょう　*see GN*, L4

まずい　yucky, bad tasting, L10

また　again, L11

まだ　not yet, L11

まち［町］town, city, L6

まつ［待つ］to wait, L3

まで　until, to, L2

までに　*see GN*, L17

まど　window, L5

まよう　to get lost, lose one's way, L18

マリー　*pn*: Marie, L11

まんなか［真ん中］the center, L9

ミーティング　meeting, L18

みえる［見える］to be visible, L18

みかん　tangerine, L14

みぎ［右］right, L9

みじかい［短い］short, brief, L10

みず［水］water, L14

みせ［店］shop, store, place of business (incl. restaurant), L6

みせる［見せる］to show, L4

みたか［三鷹］*pn*: Mitaka, L2

みち［道］the way, road, street, L4

みどり　green, L14

みなみまち［南町］*pn*: Minamimachi, L14

みる［見る］to see, watch, look at, L3

むこう［向こう］over there, beyond, L9

むさしさかい［武蔵境］*pn*: Musashisakai, L2

むずかしい　difficult, hard, L5

めがね　eyeglasses, L11

メニュー　menu, L8

めんせつ（する）interview, to interview, L17

も　also, L1

も　*particle denoting a greater quantity than expected*, L16

もう　already, L11

もうすこし［もう少し］a little bit more, L7

もうします［申します］*humble for* 言う, L19

もくようび［木曜日］Thursday, L2

もし　if, L18

もの［物］things, goods, L5

もらう　to receive, L19

もんげん　curfew, L13

や　and, among others, L3

やきとり　YAKITORI, grilled chicken on a skewer, L8

やきもの　pottery, L15

やきゅう［野球］baseball, L15

やさい［野菜］vegetables, L7

やさしい　easy, gentle, kind, L5

やすい［安い］cheap, L5

やすみ［休み］holiday, L2

やすむ［休む］to rest, be absent from, L8

やちん［家賃］rent, L5

やっきょく［薬局］drugstore, L9

やま［山］mountain, L8
やまだ［山田］*pn*: Yamada, L11
やまのぼり［山のぼり］mountain climbing, L7
やまもと［山本］*pn*: Yamamoto, L19
やめる to quit, L17

ユーモア a sense of humor, L16
ゆうびんきょく［郵便局］post office, L2

ようこ［洋子］*pn*: Yoko (*female*), L19
ようじ［用事］business, affairs, something to do, L8
〜ようになった *see GN*, L12
〜ようび［曜日］day of the week, L2
よく often, L7
よく well, L12
よこ［横］beside, L9
よこはま［横浜］*pn*: Yokohama, L10
よしゅう（する）［予習（する）］preparation for lesson, to prepare one's lesson, L15
よてい［予定］plan, L8
よぶ to call out to, invite, L3
よみかた［読み方］reading, L2
よむ［読む］to read, L3
よやく（する）［予約（する）］reservation, to reserve, L18
より *see GN*, L14
よる［夜］night, L3

らいしゅう［来週］next week, L4
らいねん［来年］next year, L12
ラジオ radio, L3
ラボ (language) laboratory, L2

リー *pn*: Lee, L1
リサ *pn*: Lisa, L20
りゆう［理由］reason, L10
りゅうがくせい［留学生］foreign student(s), L1
りょう［寮］dormitory, L1
りょうきん［料金］fee, L2
りょうしん［両親］parents, L8
りょうり（する）［料理（する）］cooking, to cook, L7
りょこう（する）［旅行（する）］trip, to travel, take a trip, L4
りんご apple, L6

ルームメート roommate, L20
るす absence, being away from home, L18

れい［例］example, L1
れいぞうこ refrigerator, L6
れきし［歴史］history, L11
レコードや［レコード屋］record shop, L9
レストラン restaurant, L3
レポート report, L10
れんしゅう（する）［練習（する）］practice, to practice, L11
れんらく（する）［連絡（する）］contact, to contact, L9

ワープロ word processor(s), L4
わかる to understand, L8
わすれる［忘れる］to forget, leave behind, L9
わたし I, L1
わたしたち we, L10
わるい［悪い］bad, L8

を *direct object marker*, L2

KANJI INDEX

This index provides the lesson number in which kanji appear in the 「新しい漢字」 and 「読み方を覚えましょう」 sections, a single number indicating the former and a number with an R, the latter. Words in brackets indicate kanji readings which, while standard, do not appear among the controlled readings given in this book.

Reading	Kanji	Lesson
あいだ	間	9
あ（う）	会	4R,8
あお	青	24
あお（い）	青	24
あか	赤	24
あか（い）	赤	24
あか（るい）	明	5
あ（がる）	上	9
あき	秋	15
［あく］	悪	24
あ（く）	開	20
	空	27
あ（ける）	開	20
あ（げる）	上	9
あさ	朝	3R,13
あし	足	17
あじ	味	25
あそ（ぶ）	遊	29R
あたま	頭	16R
あたら（しい）	新	5
あつ（い）	暑	12R
あつ（まる）	集	21
あつ（める）	集	21
あと	後	3
あに	兄	16
あね	姉	16
あめ	雨	9
あら（う）	洗	16R
ある（く）	歩	23
あん	安	30
	案	20R
い	以	12
	医	23
	意	28

Reading	Kanji	Lesson
い（う）	言	6
いえ	家	15
い（きる）	生	1
い（く）	行	3R,4,15R
いし	石	24R
いそ（ぐ）	急	23
いた（い）	痛	14R
いち	一	2,14R
いつ	五	2
いっ	一	2
いつ（つ）	五	2
いぬ	犬	25
いま	今	3
いもうと	妹	16
いり	入	13
い（る）	入	13
い（れる）	入	13
いろ	色	24
いん	員	19
	院	9R,23
［いん］	飲	6
［う］	右	9
［う］	雨	9
うえ	上	9
う（ける）	受	24R
うご（く）	動	21
うし	牛	25
うし（ろ）	後	3
うた	歌	29
うた（う）	歌	29
う（つ）	打	11R
うつ（す）	写	20
う（まれる）	生	1
うみ	海	18

KANJI INDEX

APPENDICES

235

Reading	Kanji	Lesson	Reading	Kanji	Lesson
じん	人	1	[たい]	貸	28
ず	図	12		大	1
すい	水	4	だい	大	1
すう	数	16R,30R		代	28
す（き）	好	7R		台	19
すく（ない）	少	5		題	8R,22
すこ（し）	少	5		弟	16
す（ごす）	過	27R	たか（い）	高	5
す（む）	住	11	たく	宅	19R
すわ（る）	座	13R	た（す）	足	17
せ	世	23	だ（す）	出	10
[せい]	正	19	たす（かる）	助	28R
	生	1,28R,30R	たす（ける）	助	28R
[せい]	西	14	たず（ねる）	訪	18R
[せい]	青	24	ただ（しい）	正	19
	性	23R	た（つ）	立	26
	政	21R	たて	建	28
[せき]	夕	21	た（てる）	建	28
[せき]	赤	24	たと（えば）	例	30R
	席	14R,27R	たの（しい）	楽	29
せつ	切	22	た（べる）	食	3R,6
	説	20R	た（りる）	足	17
せん	千	7	だん	男	16,23R
[せん]	川	7		談	22R
	先	1	ち	地	13R,20
	専	26R	[ち]	知	26
	線	15R	ちい（さい）	小	5
ぜん	全	22R	ちか（い）	近	13
	前	2R,3	ちから	力	26
	然	29R	ちち	父	16
	千	7	ちゃ	茶	19
[そう]	早	13	[ちゃく]	着	11
[そう]	走	26	ちゅう	中	1
[そう]	送	30		注	28
	相	22R	[ちゅう]	昼	21
[そく]	足	17	[ちょう]	町	14
	束	22R		長	19
ぞく	族	15	[ちょう]	鳥	25
そつ	卒	19R,27R	[ちょう]	朝	13
そと	外	8	つ	都	18R
そら	空	27	つう	通	8R,29
[た]	多	5	つか（う）	使	11
	田	12R,13	つき	月	4
だ	田	13	つぎ	次	10R
[たい]	体	17	つ（く）	着	11
	待	11	つく（る）	作	20

Reading	Kanji	Lesson
つだ（う）	伝	20R
つた（える）	伝	23R
つち	土	4
つづ（ける）	続	24R
つめ（たい）	冷	24R
つよ（い）	強	20
つ（れて）	連	15R
て	手	17,20R
［てい］	弟	16
	定	8R
てつ	鉄	13R
で（る）	出	10
てん	天	10,23R
	店	22
	転	13
［でん］	田	13
	電	9
と	都	15R
	十	2
	時	3
	図	12
ど	土	4
	度	8R,28
［とう］	冬	15
	東	5R,14
［とう］	答	22
（お）とう（さん）	父	16
［どう］	同	14
	動	21
	堂	12
	道	29
とお	十	2
とお（い）	遠	13R
とお（る）	通	29
とき	時	3
とく	特	30
どく	読	6
ところ	所	21R
とし	年	7
と（まる）	止	21
と（める）	止	21
とも	友	8
とり	鳥	25
と（る）	取	9R
な	名	13
ない	内	20R

Reading	Kanji	Lesson
なお（す）	直	20R
なか	中	1
なが（い）	長	19
なつ	夏	15
なな	七	2
なな（つ）	七	2
なに	何	1R,3
なの	七	2
なら（う）	習	18
なり	成	12R
［なん］	南	14
	何	1R,3
に	二	2
	日	1
	荷	20R
（お）にい（さん）	兄	16
にく	肉	25
にし	西	14
にち	日	1
にっ	日	1
にゅう	入	13
にん	人	1
（お）ねえ（さん）	姉	16
ねが（う）	願	20R
ね（る）	寝	16R
ねん	年	7
の（む）	飲	4R,6
の（る）	乗	4R
は	歯	17R
ば	場	29
ぱい	配	29R
［ばい］	売	27
［ばい］	買	6
はい（る）	入	13
［はく］	白	5
はこ（ぶ）	運	13
はじ（まる）	始	21
はじ（めて）	初	10R
はじ（める）	始	21
はし（る）	走	26
はたら（く）	働	13R
はち	八	2
はつ	発	27
はっ	八	2
ぱつ	発	27
はな	花	19

Reading	Kanji	Lesson	Reading	Kanji	Lesson
はなし	話	6	ぶつ	物	15
はな（す）	話	6	ぶっ	物	15,23R
はは	母	16	ふと（い）	太	10R
はや（い）	早	13	ふね	船	12R
はや（い）	速	10R	ふゆ	冬	15
はら（う）	払	27R	ふ（る）	降	25R
はる	春	15	ふる（い）	古	5
は（れる）	晴	12R	ふん	分	3
はん	半	3	ぶん	分	3
	飯	25		文	18,23R,
ばん	晩	3R			24R
	番	14R,18R,		聞	10
		25R,30R	ぷん	分	3
ひ	非	12R	へ	部	5R
	飛	14R	べつ	別	30
	日	1	へん	返	25R
	火	4	べん	便	5R
び	美	15R		勉	20
	備	22R	ほ	歩	23
	日	1	ぼ	母	16
ひがし	東	14	ぽ	歩	23
ひかり	光	26R	ほう	方	26
ひ（く）	引	18R	[ほく]	北	14
ひく（い）	低	10R	[ぼく]	木	4
ひだり	左	9	ほん	本	1
ひつ	必	18R	ぼん	本	1
ひと	人	1	ぽん	本	1
	一	2	ま	間	9
ひと（つ）	一	2		真	20
ひゃく	百	7	まい	毎	11
びゃく	百	7	[まい]	妹	16
ぴゃく	百	7		枚	6R
びょう	病	9R,23	まえ	前	3
ひら（く）	開	20	まち	町	14
ひる	昼	21	まつ	末	7R
ひろ（い）	広	14	ま（つ）	待	11
[ひん]	品	19	まん	万	7
びん	便	2R	み	味	25
ふ	不	5R,29		三	2
	父	16	み（える）	見	6
ぶ	部	22R	みぎ	右	9
[ふう]	風	27	みじか（い）	短	16R
ふく	服	30	みず	水	4
ふた	二	2	みせ	店	22
ふた（つ）	二	2	み（せる）	見	6
ふつ	二	2	みち	道	29

JAPANESE GRAMMATICAL INDEX

240

ENGLISH GRAMMATICAL INDEX

□著作・編集者
George D.Bedell
Marie J.Bedell
Rebecca L.Copeland
飛田 良文
平田 泉
広瀬 正宜
稲垣 滋子
Mayumi Yuki Johnson
村野 良子
中村 一郎
中村 妙子
根津 真知子(編集責任者)
小川 貴士
尾崎 久美子
鈴木 庸子
田中 真理
山下 早代子
・アルファベット順

イラストレイション：村崎 緑

ICUの日本語　初級 2
JAPANESE FOR COLLEGE STUDENTS: Basic Vol. 2

1996年10月　第1刷発行
2003年7月　第5刷発行

著　者　学校法人　国際基督教大学
発行者　畑野文夫
発行所　講談社インターナショナル株式会社
　　　　〒112-8652 東京都文京区音羽 1-17-14
　　　　電話　03-3944-6493（編集部）
　　　　　　　03-3944-6492（営業部・業務部）
　　　　ホームページ　www.kodansha-intl.co.jp
印刷所　大日本印刷株式会社
製本所　大日本印刷株式会社

落丁本・乱丁本は購入書店名を明記のうえ、小社業務部宛に
お送りください。送料小社負担にてお取替えします。本書の無断
複写（コピー）、転載は著作権法の例外を除き、禁じられています。

定価はカバーに表示してあります。

KODANSHA INTERNATIONAL DICTIONARIES
Easy-to-use dictionaries designed for non-native learners of Japanese.

KODANSHA'S FURIGANA JAPANESE DICTIONARY
JAPANESE-ENGLISH / ENGLISH-JAPANESE　ふりがな和英・英和辞典
Both of Kodansha's popular furigana dictionaries in one portable, affordable volume. A truly comprehensive and practical dictionary for English-speaking learners, and an invaluable guide to using the Japanese language.
- 30,000-word basic vocabulary
- Hundreds of special words, names, and phrases
- Clear explanations of semantic and usage differences
- Special information on grammar and usage

Hardcover, 1318 pages; ISBN 4-7700-2480-0

KODANSHA'S FURIGANA JAPANESE-ENGLISH DICTIONARY
新装版 ふりがな和英辞典

The essential dictionary for all students of Japanese.
- Furigana readings added to all *kanji*　• 16,000-word basic vocabulary

Paperback, 592 pages; ISBN 4-7700-2750-8

KODANSHA'S FURIGANA ENGLISH-JAPANESE DICTIONARY
新装版 ふりがな英和辞典

The companion to the essential dictionary for all students of Japanese.
- Furigana readings added to all *kanji*　• 14,000-word basic vocabulary

Paperback, 728 pages; ISBN 4-7700-2751-6

KODANSHA'S ROMANIZED JAPANESE-ENGLISH DICTIONARY
新装版 ローマ字和英辞典

A portable reference written for beginning and intermediate students.
- 16,000-word basic vocabulary　• No knowledge of *kanji* necessary

Paperback, 688 pages; ISBN 4-7700-2753-2

KODANSHA'S CONCISE ROMANIZED JAPANESE-ENGLISH DICTIONARY
コンサイス版 ローマ字和英辞典

A first, basic dictionary for beginner students of Japanese.
- 10,000-word basic vocabulary　• Easy-to-find romanized entries listed in alphabetical order
- Definitions written for English-speaking users
- Sample sentences in romanized and standard Japanese script, followed by English translations

Paperback, 480 pages; ISBN 4-7700-2849-0

KODANSHA'S BASIC ENGLISH-JAPANESE DICTIONARY
日本語学習 基礎英日辞典

An annotated dictionary useful for both students and teachers.
- Over 4,500 headwords and 18,000 vocabulary items　• Examples and information on stylistic differences
- Appendices for technical terms, syntax and grammar

Paperback , 1520 pages; ISBN 4-7700-2895-4

THE MODERN ENGLISH-NIHONGO DICTIONARY
日本語学習 英日辞典

The first truly bilingual dictionary designed exclusively for non-native learners of Japanese.
- Over 6,000 headwords　• Both standard Japanese (with *furigana*) and romanized orthography
- Sample sentences provided for most entries　• Numerous explanatory notes and *kanji* guides

Vinyl flexibinding, 1200 pages; ISBN 4-7700-2148-8

KODANSHA INTERNATIONAL DICTIONARIES

Easy-to-use dictionaries designed for non-native learners of Japanese.

KODANSHA'S ELEMENTARY KANJI DICTIONARY

新装版 教育漢英熟語辞典

A first, basic *kanji* dictionary for non-native learners of Japanese.
• Complete guide to 1,006 *Shin-kyōiku kanji*   • Over 10,000 common compounds
• Three indices for finding *kanji*   • Compact, portable format   • Functional, up-to-date, timely
Paperback, 576 pages; ISBN 4-7700-2752-4

KODANSHA'S ESSENTIAL KANJI DICTIONARY

新装版 常用漢英熟語辞典

A functional character dictionary that is both compact and comprehensive.
• Complete guide to the 1,945 essential *jōyō kanji*   • 20,000 common compounds
• Three indices for finding *kanji*
Paperback , 928 pages; ISBN 4-7700-2891-1

THE KODANSHA KANJI LEARNER'S DICTIONARY

新装版 漢英学習字典

The perfect kanji tool for beginners to advanced learners.
• Revolutionary SKIP lookup method   • Five lookup methods and three indices
• 2,230 entries and 41,000 meanings for 31,000 words
Paperback, 1060 pages (2-color); ISBN 4-7700-2855-5

KODANSHA'S EFFECTIVE JAPANESE USAGE DICTIONARY

新装版 日本語使い分け辞典

A concise, bilingual dictionary which clarifies the usage of frequently confused words and phrases.
• Explanations of 708 synonymous terms   • Numerous example sentences
Paperback, 768 pages; ISBN 4-7700-2850-4

KODANSHA'S DICTIONARY OF BASIC JAPANESE IDIOMS

日本語イディオム辞典

All idioms are given in Japanese script and romanized text with English translations. There are approximately 880 entries, many of which have several senses.
Paperback, 672 pages; ISBN 4-7700-2797-4

A DICTIONARY OF JAPANESE PARTICLES

てにをは辞典

Treats over 100 particles in alphabetical order, providing sample sentences for each meaning.
• Meets students' needs from beginning to advanced levels
• Treats principal particle meanings as well as variants
Paperback, 368 pages; ISBN 4-7700-2352-9

A DICTIONARY OF BASIC JAPANESE SENTENCE PATTERNS

日本語基本文型辞典

Author of the best-selling All About Particles explains fifty of the most common, basic patterns and their variations, along with numerous contextual examples. Both a reference and a textbook for students at all levels.
• Formulas delineating basic pattern structure   • Commentary on individual usages
Paperback, 320 pages; ISBN 4-7700-2608-0